48歳、独身・医師 在宅介護で親を看取る

佐野徹明
Sano Tetsuaki

幻冬舎 MC

はじめに

２００９年、私は両親の介護のために大学病院を辞め、父のあとを継いで開業医になりました。

15年前に医大を卒業したあと、大学病院の血液内科医として主に白血病診療や骨髄移植などの臨床経験を積み重ねてきました。最新の抗がん剤や治療法を駆使して難病と闘う仕事にやりがいを感じていましたし、これから先も大きな病院で勤務したいと思っていました。

一方、私の父は数年前に認知症を発症。母も頸髄腫瘍の後遺症があり、いわゆる「老老介護」状態で互いの面倒を見ていたのです。そうした状態にあることは、私も以前から知っていましたが、それでもなんとか二人で生活を続けていたため、どこかで「まだ大丈夫だろう」と思いながら過ごしていました。

ところが、いつの間にか父の症状は進行し、いよいよ患者さんへの診察や治療に影響が出かねないという状況となり、両親から実家に戻るよう懇願されたのです。

正直にいえば、父のあとを継ぎ、町の開業医となることに躊躇がなかったわけではありません。しかし、両親の状況を考えれば、断ることはできませんでした。

そうして私は、実家の内科クリニックを継ぐことになりました。昼は医師として地域の患者さんの治療に当たり、朝と夜は介護者として両親の面倒を見るという、新たな生活をスタートさせたのです。

私は医師ですから、当然両親の病気に対する処置も分かっていましたし、在宅介護や在宅医療の制度についても知識をもっていました。それでも、初めての介護には戸惑いや苦労がありました。常にそばにいて食事の支度から着替え、入浴といったすべての世話を両親の希望どおりに行うような「完璧な介護」ができたかといわれれば、必ずしもそうではありません。

仕事から帰ってきたら母が廊下で倒れていたこともありましたし、父のために弁当を買って帰っても「食べたくない」と突き返されたこともあります。

そうした経験のなかで気づかされたのは、介護する側とされる側がお互いにどうしたいのかをきちんと話し合い、それぞれの家族に見合った介護のかたちを見つけることの大切さでした。

日本では、高騰する医療費の抑制や病床の確保といった政府の方針、また介護を受ける本人の「最期を自宅で迎えたい」といった希望により、在宅介護を受ける高齢者は年々増加しています。「病院から在宅へ」という流れは加速し、在宅介護の制度の拡充も図られています。

一方、在宅での介護者である家族には、こうした制度は複雑で難しく、なかなか活用できていないのが現状です。また、介護に充てる時間を十分に確保できているともいえません。

誰しも仕事をしていると介護がおろそかになることもありますし、24時間付きっきりで見ることは困難です。家族が死に目に会えないこともよくあります。時には失敗や後悔もあるでしょう。

それでも、十分に話し合った結果「やり切った」と思えることが、介護する側とされる側のどちらにとっても大切だと私は思うのです。

本書では、私が両親の介護や看取りをするなかで感じたこと、そして在宅医として関わったさまざまな家族の姿をご紹介します。

私をはじめ、介護をする家族がどんな問題や悩みを抱え、どのように過ごしてきたのか、どのように解決したのか。それらを知っていただくことで、在宅で親を、あるいは配偶者を介護する人たちが、行き場のない悩みを抱えた際の支えになれば幸いです。

48歳、独身・医師 在宅介護で親を看取る 目次

［第2章］　初めての介護は医師でも大変だった――
医療の知識と経験だけでは対応できない在宅介護の現実

［第3章］　進行する病に緊張で息がつまる日々——
両親の介護と仕事の両立に奔走

［第4章］　痛みを隠して亡くなった母——

後悔から見つめ直した父の「看取り」

［第5章］　必ず訪れるその日のために――

「在宅医」として家族に知ってほしいこと

［第1章］

在宅介護は突然に——父の介護で大学病院を辞め、実家へ戻る

開業医としての父の後ろ姿

私の父、輝明は大阪で長い間開業医をしていました。私は幼い頃から、父の仕事を見て育ってきました。それこそテレビドラマの『家政婦は見た！』のように、扉の陰からちょっとだけのぞくようにして、父の診療姿を目にしていたのです。

例えば、近所に住む中年の男性が「おなかが痛い」と言って、おなかを押さえながらやって来ます。父はそのおなかを手でぽんぽんと叩き、聴診器を当てたあと、注射を一本打って少し様子を見ていました。すると、男性は「楽になりました」と言って、にこにこしながら帰っていったのです。

あるいは、「子どもが熱を出した」と言って、若い母親が幼い息子を抱いてやって来ます。額に手を当て、舌を見て、薬を処方し、何か一言二言母親に告げると、母親はとても安心した表情になって息子を抱えて帰っていきました。

そのときの父は、胃カメラを使うわけでも、もちろんメスを振るうわけでもありません。せいぜい注射一本、あとは触診と聴診器、それに話をしながら患者さんを「治療」していくのです。

私が医師を目指したのは、おそらく父のそのような姿が刷り込まれていたからだと思います。これは随分あとになって気づきました。父のように患者さんに笑顔を届けられる医師になりたいと思っていたのでしょう。

もしも、幼い私が診察室をのぞいた際、父が胃カメラを駆使した検査をしていたら、また違った医師を目指していたかもしれません。

父の姿は、まさに昔ながらの町医者でした。薬を処方するのも、注射をするのも父の仕事でした。父がしていたような患者さんに寄り添う診療に興味が湧き、そうした医療のできる専門を探していたのだろうと思います。

もう一つ、私の目指す医師像に影響を与えたのは学生時代にお世話になった教授の言葉でした。それは「使える医師になりなさい」ということです。

教授は、よくこんな例え話をしてくれました。医師の「当たり外れ」は、寿司屋に入ったときの当たり外れとはわけが違うのだ、と。ふと入った寿司屋が「ハズレ」だったとしても、まずい寿司を食べるだけで済むだろう。しかし、医師の「ハズレ」は生命に関わってくる。生きるか死ぬかの大きな問題になるのだと話してくれました。白が黒になり、黒が白になる、それくらい影響力が強い存在、それが医師であると叩き込まれたのです。

私が大学を出た翌年、阪神・淡路大震災がありました。あのとき、被災地に入った医師たちのなかで、本当に何もできない、つまり「使えない医師」がいたことが問題視されました。ちょうどその頃、私は大学院に通っていたのですが、そうした報道に触れるたびに「なんとしてでも使える医師にならなければ」と強く感じたものです。

「血液内科」を選んだ理由

私が、勤務先として近畿大学医学部附属病院（現・近畿大学病院）の血液内科を選んだのは、もしかすると、開業医として働く父の姿を見ていたことが影響していたのかもしれません。

私自身、決して不器用なわけではありませんでしたが、循環器内科や消化器内科、呼吸器内科などで技術の習得に充てる時間がもったいないと思ったのです。むしろ、実際に患者さんと向き合い、薬を出したり点滴をしたり、時には対話をしたりして、患者さんにとってご利益になるような治療をしたいと考えていました。

1994年当時、近大病院の内科は四つに分かれていました。それぞれの科にナンバーが振られていて、第一内科は循環器、第二内科は消化器系と糖尿病、第三内科が血液・腎臓・膠原病、そして第四内科が呼吸器系でした。

このうち、第三内科である血液内科には、白血病などの難病を抱える患者さんが多く集まっており、いつ彼らの病状が急変するか分からず、息もつけない科だったのです。

今でこそ白血病は三人に二人が助かるといわれるほど、治療法は劇的に改善していますが、当時はまだ血液内科という存在自体が一般的ではなく、治療の成績も良くなかったため、多くの患者さんが命を落としていました。白血病というと「不治の病」というイメージをもたれていた方も多いのではないでしょうか。

ほかにも、膠原病やリウマチなどでも亡くなる方が多く、入院患者さんが一人でも多く自分の足で歩き、笑顔で退院してくれると、科を挙げて喜んだものでした。

慌ただしい現場のなかで、治療の困難な患者さんを診ていくことが医師としての勉強になると考えていたのです。

血液内科を選んだ理由は、もう一つあります。

それは医師がずっと患者さんに寄り添えるということです。血液内科の病棟は、ほかの科であれば頻繁に行うような検査が少ないのです。医師は血液検査の結果を見たり、直接患者さんを診察したりして、治療の方針を決めますが、その間もほとんど病棟で患者さんとともに過ごしています。

また、そもそも目が離せない患者さんが多いということもあります。私たちが予想しないところで病状が急変し、一気に生死に関わる状態に陥る人を何人も見てきました。常に油断しないように、病棟のなかで患者さんと対話しながら彼らの様子を見続けることが、血液内科の医師にとって大事な「診療」行為でもあったのです。

しかし、ほかの科ともなれば、そういうわけにはいきません。

例えば循環器内科なら、心臓カテーテルといって、太い血管から管を通して心臓の血管を広げる手術があります。これには技術が必要ですから、まず一人前になるまで時間を要しますし、頻繁に手術を行うか、練習をしなければ腕が落ちてしまいます。

消化器内科でいうと、胃カメラや大腸カメラで検査を行い、それから治療法を決めなくてはなりません。胃や大腸にカメラを入れるのも技術が必要で、うまく挿入できるようになるまでには時間がかかります。

呼吸器内科も同じです。気管支鏡といって気管から肺に挿入するカメラがあり、これも高度な技術を要します。

外科ほどではないにしても、職人芸のような技を必要とされる内科はたくさんあります。もし手術に興味がある人であれば、初めから外科医になっているでしょう。

難病の患者さんに寄り添って

私が所属した血液内科というのは、今も進歩のスピードが著しいところですが、当時はもっとその傾向が強いところでした。とにかくどんどん新しい治療法、新薬が生まれてくる状況だったのです。

白血病にしても、命が助かる確率が3割程度だったものが、最近では逆に致死率が3割ほどになってきました。白血病の患者さんの3分の2は死ななくて済むようになったのです。この進歩はとてつもなく大きなことです。

血液内科の医師は、そのスピードについていくのが大変でしたが、それもまた充実感に変わっていきました。

最近の療法を見ると、薬価が高くて話題になったCART療法というものが出てきています。免疫療法の一種ですが、これで治療の選択肢が増え、良くなる方も出てきています。骨髄移植も技術が進んでいます。昔なら骨髄移植が困難とされた症状でも、今は可能となった症例がたくさんあります。例えば、骨髄バンクに登録していて、なかなかドナーが見つからないときに、母児間での移植、または臍帯血（へその緒や胎盤に含まれる血液）を移植することもできるようになりました。それだけ治療の幅が広がっているのです。

新薬は白血病に限らずリンパ腫、骨髄腫などの治療薬がたくさんあり、毎年数種程度は新しいものが開発されています。

こうした激流のなかで船を漕いでいるような血液内科の診療は、とてもやりがいのあるものです。昨日まで治せなかった病が今日は治せる。そのことは医師にとって喜び以外の何ものでもありません。骨髄移植が成功した患者さんが退院するとき、歩きながら笑顔で手を振ってくれる。それまでは車椅子での退院だったことを思うと、とてもうれしいことでした。

そうした治療の成功例を私はこれまで多く体験してきました。

もちろん、その一方で何人もの患者さんの看取りも経験しています。

今でこそ末期の白血病患者さんなどは関連病院に転院するようになりましたが（治療を目的とするか治療が困難であるかで、診るべき病院が変わるため）、私のいた頃はすべての患者さんの看取りを大学病院で行っていました。なかには、自宅で看取ったほうがいいかなと思われる患者さんでさえ、当時は病院で看取っていたのです。

患者さんの看取りを経験することは、医師として非常に貴重なことです。どれだけ頑張って治療しようとも、必ず訪れる死を受け止めることは、とても大切なことだからです。私もまた、そうした数知れない死から多くのことを学びました。

この大学病院は、とてもやりがいのある職場でしたので、できるだけ長く勤めていたいという希望はもっていました。

大学病院には大学病院なりの良さがあります。

大学病院というのは教育・研究機関でもありますから、勤務する医師は最新の治療を提供したり、学生教育、またはさまざまな研究を行っています。

一方、患者さんを診ることが好きな医師には、大学病院が不向きだとはいいませんが、そうした医師の多くは関連病院に赴き、そこで患者さんの診療をすることを望みます。関連病院では、常に患者さんと接することができますし、同時に大学病院を通して最先端の療法に触れることもできます。その両面で満足できる、とても良い環境だといえるでしょう。

私も将来的には大学病院に籍を置き、関連病院に行って、そこで最後まで臨床医としての生活を続けたいと真剣に考えていました。

理由の一つに、白血病治療の抗がん剤メニューを決めるプロトコール作成委員や、大学病院の感染対策委員を務めていたことが挙げられます。かつてのSARSなどがそうですが、感染症が出た病棟があれば、すぐに現地に赴き、調査をしていました。ほかの患者さんにうつさないよう、さまざまな処置を講じます。

これだけやりがいを感じていた職場に、私のほうから辞意を伝えることになるのは、両親の介護がきっかけだったのです。

両親の老いによって実家に帰ることを考える

父が「てんかん」と診断されたのは、2001年のことでした。生活のなかで数分間の意識消失があり、すぐに診療を受けたのです。てんかんというのは最近でこそ認知症予備軍でもあり、いずれ認知症へと移行する可能性があることが分かっていますが、当時はそんな知見はなく、将来予測はありませんでした。

この頃はまだ日常生活に支障はありませんでしたが、耳が遠くなり、日常の診療に自信をなくしつつあった父は、私に対して「(実家に) 帰ってきてほしい」と口にするようになりました。

実は、母のほうも健康体ではありませんでした。父がてんかんと診断される前年の2000年に頸髄腫瘍が見つかり、画像上は手術適応と考えられていたのです。ただ、大阪市立大学医学部附属病院の脳神経外科に入院しますが、日常生活に支障はなく、術後に起きる可能性のある合併症を危惧して、このときには手術をせずに退院しました。

そのため、私に対して両親ともに「帰ってきてほしい」とこぼすようになったのです。

きっと心細かったのだろうと、今にして思います。父は首から上の調子が悪く、母は頸髄腫瘍で首から下が悪い。片方は首から上、片方は首から下。二人合わせてやっと一人前ですから、当然他者の助けを必要とします。

とはいっても、私もすぐに「帰る」とは決められなかったので、大学病院に籍を置きつつ、とりあえず週に一日だけ、実家の医院の外来を担当するようにしました。大学病院での仕事として、関連病院で診療を行うことがあったので、それを自分の実家でやろうとしたわけです。そうすれば、両親の具合もゆっくりと観察できると考えました。

父は、そのときにはまだ開業医を続けていました。ただ、診断書や介護関係の書類になかなか手を付けられず、溜まっていたものを私が代わりに記入するといったことはありました。

一方、母はというと、時に歩けなくなることもありました。また、お漏らしをすることも出てきたのです。

こうした状態を見るにつけ、私は「誰かが面倒見ないと無理やな」と思うようになっていきました。

ただ「帰りたいか」と問われれば、帰りたくないと答えたでしょう。

とにかく葛藤が続きました。

大学病院に勤めている限り、両親の介護に今以上の時間を割くことはできない。それを実行するには、父の開いた医院を継ぐしかない。どう考えても、結論はそこにしか行き着かないのです。私は悩み続けました。

骨髄移植やがんの診療、抗がん剤を使っていくうち、一人前の血液指導医としてやっていけると思えるようになりました。ところが、この分野はとても専門医が少ないのです。外来には多くの患者さんが訪れます。その一人ひとりに、私は精一杯の力を注いできました。「この分野の病気を診られる医師が少ないから」という思いがあったからです。

患者さんは増えているのに医師は増えていない。ですから、この分野で治療に当たる能力のある医師は、これからもずっと同じところで治療しなくてはならない、そう考えていました。

両親の介護のため実家に戻ることは、その考えを捨ててしまうことになります。

また、白血病などを診療している医師というのは、大きな病院にいるからこそ最先端の治療を行うことができるわけです。私もそれまで新しい抗がん剤や骨髄移植の方法など、とにかく目まぐるしいほどの治療法に出会い、関わってきました。

父のあとを継いで開業医になるということは、そうしたことごとをすべて手放すということでもあります。

「大学病院に勤めながら親の面倒を見られなかったのか」と、よく聞かれることがありますが、週に一度だけ家の外来を手伝ってきた経験から、当時からそれは不可能だと思っていました。

血液内科医として大きな病院で忙しく働くか、実家に戻って医院を継ぐか、選択肢はその二つしかありませんでした。

そうして、私は大学病院を辞めて開業医を継ごうと決めたのです。

両親の介護をするのは私しかいない。そのためにはいずれ仕事を、生活を変えなくてはならないだろう。問題は、その時期が早いか遅いかだけです。

さらに私は40代半ばでしたので、今なら開業医として新しいことができるのではないかとも考えました。多少なりともエネルギーがあるうちにスタートすべきだろう、と。

そして、大学病院に辞表を出したのです。

物足りなく感じる開業医の仕事

「両親ともに病気の状態が悪くなってきているので実家に戻って世話をしなくてはならない」と大学病院に辞意を告げると、意外にもあっさりと認められました。ただ、すべてから手を引くのではなく、辞めてからも8年ほどは外来を担当することになったのです。クリニックが休診日のときに大学病院に行き外来診療をするというかたちです。

2008年の末に大学病院を辞めて、父のクリニックを引き継ぎ、翌年の11月に、今のクリニックを新設して移転しました。このとき同時に「在宅医」としても登録しています。どうして在宅医になりたかったかは後述するとして、開業医が在宅医になるのは申請すれば済むことなので難しいことではありません。

私が大学病院を辞めたと同時に、父も開業医を引退しました。本人は、実にあっさりとしていて、未練はなかったようでした。認知症への危惧よりも、耳が遠くなっているため聴診器を当てても聞こえづらい、そのことが自信を失わせていたようです。

私が開業医になってからの感想ですが、正直に言うと、始めは物足りない気がしていました。それまで、白血病の患者さんに抗がん剤をどれだけ点滴するかといった生死の分かれ目を左右する診療を行っていたため、風邪ひきの子どもさんや高血圧のおじいさんを相手に診療するというのでは手応えがないと感じてしまっていたのです。

これは「ここだけの話」なのですが、大きな病院の医師で、それなりにプライドをもってがんや難病を診ている人にしてみれば、開業医というのは「誰でも診られる一般的な病気を担う医師」というイメージが少なからずあるようです。実際に私がそうでしたから。

白血病の患者さんの治療に当たっていた頃は、そのことに生き甲斐を感じていましたし、それなりのプライドももっていました。これは、心臓外科や脳神経外科などで難しい手術をこなしている先生たちもそうでしょうし、いろいろな難病を診ている先生も感じておられると思います。

開業した当初は、こういう言い方は失礼なのですが、「(自分は)誰でも診られる病気、患者さんの診療をしている」と思っていました。

ただ、開業医として多くの患者さんの診療をしていくと、まったく別の役割だということが分かってきました。そもそも守備範囲が異なるのです。

本来、医師が患者さんを診ているのですから、病気との関わりそのものは変わりません。あくまで、診ている患者さんの病気の質や量が違うだけなのです。

新型コロナウイルスの場合に問題となった例ですが、3日間にわたって熱が出ていたので近くのクリニックに診療を受けに行ったところ、新型コロナウイルスを疑われて受診拒否にあった。「新型コロナウイルス感染の疑いがある患者さんはうちでは診られません」、そう言って断られたのです。「大病院に行ってください」と言われ、熱を出している多くの患者さんが大病院に殺到しましたが、なかなかＰＣＲ検査を受けられず、そこから重症化する患者さんも出てきて、亡くなられた人もいたことは、報道されたとおりです。

微熱が続いている患者さんに対して、医師と患者さんがマスクやフェイスシールドなどで防護していれば、町のクリニックでもある程度診療は可能です。受診拒否をせずそういった対策をとって診療できていたら、いくつかの悲劇は防げたでしょう。こういう、まだ病気の入り口にいるかもしれない患者さんを診るためにこそ開業医は存在すると、私は思っています。

今挙げたのは極端な例ですが、開業医をスルーして大病院に患者さんが殺到してしまうと、すぐに医療崩壊が起きることは自明のことでしょう。

そこで役割分担ができてくるわけです。守備範囲をもう少し整理して、大病院の役割、開業医の役割をはっきりさせる。そしてそれを、医療側だけが把握するのではなく、医師も患者さんも認知していくことが大事だろうと思っています。

改めて両親の暮らしぶりを日の当たりにする

私が父のあとを継いだ頃、父はまだ日々の暮らしのなかで自分のことは自分でできていました。ただ、時には出かけた際に道が分からなくなって帰って来られなくなったということもありました。

むしろ母のほうが体調を崩していて、家のなかでも押し車（歩行器）を押して歩いたり、身体の状態も良くなかったので、父が母の面倒を見ていたのです。目薬をさしてあげたり、洗濯物を畳んだり、いわゆる老老介護を続けていました。

父は、身体は元気なのでよく散歩に出かけていました。母がちょっと入院したときは、昼食は卵かけご飯などを適当に食べていました。幕の内弁当を出前で取れと言っても「高いから」と言って取らない。介護用の弁当を取れと言っても「まずいから嫌だ」と、結構わがままなことを言ったりもしていましたが、夕食は私が帰ってくるのを待って一緒に外食には行っていました。

父は、若い頃はゴルフなどもしていましたが、年を取ってからは盆栽いじりぐらいで趣味らしい趣味はなかったようです。

しかし、仕事を辞めてから気持ちが楽になっていたのは私も感じ取れました。開業医はやはり緊張感があったのでしょう。息子である私に任せられたことで肩の荷が下りて気楽になった印象を受けました。

晴れ晴れとしていて、よくリタイアした男性が言うような「やることがなくて、しょげてしまう」という感じはありませんでした。毎日のように大阪市内を歩き、出身校のあたりや、生まれた場所のあたりを歩き回ったり、親戚の家に寄ったりしていました。

父は自分で認知症だと認識していた割に、とても前向きでした。

そのあと母も退院し、両親の生活、そこに私も加わっての介護がスタートするのです。

［第2章］

初めての介護は医師でも大変だった——医療の知識と経験だけでは対応できない在宅介護の現実

両親の介護生活を開始

実家に戻り、父の医院を継いで開業医としての生活と、両親の介護生活が始まりました。当初私があまり介護生活の大変さを感じていなかったのは事実です。なぜなら、介護者である自分は医師であり、被介護者である父も医師、母もある程度医療の知識があったからです。

しかし、介護生活を続けていくなかでさまざまな困難にぶつかるのだと、私はつくづく実感したのです。

家に戻ってからの生活は、普段は9時からの医院での外来から始まります。この時間の区切りは関西特有のシステムで、9時から12時までが午前診、午後診は16時30分から19時までとなっています。12時から16時30分までが空くので、この時間帯に在宅医として患者さんのお宅を訪問していました。普段は、一日に2、3軒といったペースで回っていきます。

一方で、大学病院を辞めてから数年間は週に一度のペースで大学病院での外来も診ていたので、その一日は医院での外来、在宅訪問ともに休診となります。数カ月に一度ぐらいですが、早朝に患者さんが亡くなられたという連絡が入り、その看取りを終えてから大学病院に向かったこともあります。

今もそうですが、医師の仕事だけをとってもなかなかに多忙だったことを記憶しています。

ただ、今思うと、まだこの時期には本格的な「介護」には入っていなかったといえます。まだ両親が二人とも、自分のことは自分でできる状態でしたので、とりあえずは二人の様子を見にいくぐらいで、普通に会話も交わしていました。

介護によって、外来や在宅訪問の時間が削られたりするような出来事も起きていなかったのです。むしろ、この時期は開業医として、在宅医としての仕事に慣れていく必要のある時期だったため、仕事に多くの時間を割くことができたことは、良かったのだと思います。

一方で、仕事を辞めた父と話す機会は増えていました。認知症の自覚は以前から多少あったものの、医師を辞めたときには、肉体的な衰えも感じていたようです。例えば、耳が聞こえなくなってきたことは強く自覚していて、聴診器を当ててもよく聞こえないケースがあったといいます。不安にさいなまれ、そして自信を喪失していき、父もまた内心では苦しんでいたのでしょう。

そんな父の姿を見ていると、大学病院を辞めて開業医になるという選択は決して間違っていなかったという気がしました。

父のあとを担う医師として

2008年の末に父の医院での外来を始めましたが、翌年に新たに医院を建て、9月に移転。医院を開く際、看板に「血液内科」も掲げました。「内科・血液内科・緩和ケア内科」と三つを並べたのです。今も決して多くはありませんが、当時「血液内科」を専門として挙げる開業医はほとんどいなかったのではないでしょうか。

私は国立病院と大学病院で長い間、血液内科の専門医として重症患者さんを診てきました。末期がんの患者さんの治療に当たり、元気になって笑顔で退院する方を見送ることもあれば、時には看取りまで行うこともありました。そのなかで得た知識や経験、私なりのノウハウもたくさんあります。

しかし、大病院で血液内科を専門としていた医師が開業しても、「血液内科」という看板を掲げることは、ほぼありません。というのも看板に「血液内科」を謳っても、多くは専門医としてできることが限られているからです。開業医として外来で診る患者さんの大半は、風邪や高血圧、あるいは糖尿病の人たちです。もちろん、それらの病を治したり、患者さんの体調不良に関する相談に乗ったりすることはとても大切な仕事です。多くの人たちが日常生活をスムーズに送れるように手助けすることこそ、町の開業医の務めだろうと思うからです。

もし白血病やリンパ腫などの難病を抱えた患者さんが外来を訪れたとしても、相応の検査を施すための設備、治療のための設備も整っていないため、大学病院などを紹介して終わり、ということになってしまいます。

そうしたこともあり、開業医の看板には、ただ「内科」と記すケースがほとんどだったのです。

ただ、私としては「血液内科」の看板を掲げたいという強い思いがありました。血液内科医として多くの患者さんを診療し、治してきたという自負もあり、難病を抱えた患者さんが外来を訪れた際には、治療法の相談に乗ることができると考えたからです。

開業と同時に「在宅医」もスタートさせたのは、実はそうした思いもあったからなのです。

在宅医療というのは、往診が基本になります。月に数回、患者さんのご自宅を訪ねて、そこでの診療が中心となります。患者さんは病院の外来に通うことなく医師の診療を受けられるため、移動がしんどくなっている患者さんには最適の医療だろうと思います。

私の両親は、介護こそ自宅で行っていたものの、母は身体が不自由であるにもかかわらず、手術をするまでは基本的に通院していましたし、父のほうも母の付き添いが困難になって以降、在宅診療を始めるまでは通院をしていました。

大病院などが入院期間を1、2カ月と期限を設け、ベッドを空けるようにし始めたのは、ここ10年ほどのことでしょうか。診療報酬との兼ね合いもありますので、病院側が悪いわけではないのですが、患者さんにしてみれば「放り出された」という思いが強く残ってしまいます。がん患者さんであっても、そうした境遇に立たされ、そのため「がん難民」などという言葉も聞かれるようになりました。

こうした制度改正もあって、在宅医療制度を多くの患者さんに受け入れてもらおうという動きが進められてきたわけです。

今では、病院で受ける治療の過半数を、現在の在宅医療で受けることができます。エコー写真も撮れますし、がんの末期であっても、自宅で緩和ケアが受けられたりします。手術や大型の機器を使った検査以外はある程度可能なのです。

最期を病院ではなく自宅で過ごすことを望む患者さんも増えてきたことで、在宅医は一般に浸透しています。

ただ、当時はそこまで在宅医が深く浸透していなかったこともあり、これまでの血液内科での経験をもとに、私は在宅医を始めることにしたのです。

両親の通院から学んだ「在宅医」という選択

在宅医をスタートさせたのは良いものの、自分の医院の外来と在宅診療、そして大学病院での外来の生活は簡単なものではありませんでした。

私の父は在宅医ではありませんでしたが、患者さんから来てほしいと頼まれると往診に出ていました。昔の開業医は往診も頻繁に行っており、患者さんの調子が悪くなったときには呼ばれて駆けつけます。なかにはご自宅で看取ることもあったようです。

そんな父の医師としての姿を見ていたので、私自身は患者さんの家を訪れて診療することに何の躊躇もなかったのは確かです。

父の時代の往診は、外来診療の延長上にあるものです。かかりつけ医として普段からその患者さんの状態を診ているため、彼や彼女の身体についてはよく分かっています。患者さんが医院を訪れ、診療してもらう。そして、ひどい腹痛や発熱などで外来に来られないようなときは医師が足を運ぶということです。つまり、基本は外来診療なのです。

ところが、在宅医のほうは、訪問診療が基本になります。月に数回、患者さんのご自宅を訪ねて、そこでの診療が中心となってきます。

在宅医はさまざまな患者さんの診療を行います。主に高齢者の方々が多いのですが、彼らの抱えている病を診たり、体調管理も行います。お年寄りが多いだけに看取りを担うことも少なくありません。それだけでなく、末期がんの患者さんの痛みを取り除くなどの緩和ケアも行います。これは、私が血液内科で担当していた患者さんに施していた治療の一つでもあります。それに加え、私は在宅での輸血も行えるようにしました。輸血を行う在宅医というのは、当時は特にまれでしたし、今でも多くありません。輸血も治療の選択肢に入れることで、在宅で治療できる病気の幅を大きく広げたのです。

このように私でなければできないような診療をやりたくて、外来だけでなく在宅医も始めたわけです。

根底にあるのはやはり父の姿でした。第1章でもお話ししましたが、私が医師を目指したきっかけとなったのは父の診療を子どもの頃から見ていて、その姿に憧れたからです。

また、父がこれまで診てきた患者さんのその後も考えていました。父が医師を辞めたことで、患者さんたちはまた別の病院に行かざるを得ない状況になってしまいます。新しい病院で初対面の医師に診てもらうとなると、また一から症状やこれまでの経緯を説明しなければなりませんし、信頼関係もゼロからのスタートです。

私も父の様子を見てきて分かりますが、やはり患者さんにとって信頼できる医師でなければ緊張もしますし、壁を感じてしまうものです。まったく同じ医師とまではいきませんが、息子であるということで、少しでも安心感を与えられるなら、と思っていました。

だからこそ、たとえ両親の介護をしなくてはならないという余裕のない状況でも医師を辞めるという選択肢はなく、あえて大変になると分かっている在宅医の道を歩むことにしたのです。

自宅にいる父と母の生活

私が在宅医の仕事に奔走している間にも、もちろん両親の介護生活は続いていました。母は頸髄腫瘍のため身体が不自由で、基本的にはずっと家のなかで生活していました。父のほうも母の介護のために家にいることが多かったのですが、身体は元気だったので、この時期にはよく散歩に出かけたりしていました。

ただ、やはり日常生活に支障を来すこともありました。動くのがつらいのか、動作が鈍くなってきたのです。私が実家に戻ってしばらくしてから、ヘルパーさんにも介護に入ってもらいましたが、特に父が「他人の世話になりたくない」と言うので、来訪の頻度をそれほど多くすることはできませんでした。そして、私のほうも前述のように医師の仕事が多忙を極めていたことで、付きっきりで介護をするのはどうしてもできなかった部分があったのです。

そのため、食事については、調子のいいときには母が作り、私に余裕があるときにはそのお手伝いをしていました。ただ、たいていは買い置きした食材や缶詰を使うだけで、以前のように母が本格的に料理をすることはありませんでした。

食事の内容については申し訳ないという気持ちもありましたが、まだ母が動けるうちは作ってもらうことも一つの手段だと思っていました。

ただ、介護認定を受けて、介護保険によるサービスを受けるようになってからは、ヘルパーさんに週の何日かは介助をお願いするようにもなりました。例えばヘルパーさんに晩ごはんを作ってもらう日を設けるようになったのも、介護保険を利用したあとからです。食事だけでもきちんとしたものを食べてもらったほうが身体にも良いというのは当然ですが、日々の楽しみにもなるかと考えていました。ただ、病気のせいなのか、両親ともに「食」に対しての関心は薄れていたようです。

父のほうは、自身で認知症だと認識していましたが、「認知症といわれているけど、わしはまだまだ元気やからな」と快活に話していたものです。医師ですから、病気についてはよく知っているのです。出された薬はすべてきちんと飲み、少しでも症状が進まないように気を使っていました。

ただ、周りの人に知られるのは嫌だったようです。これは認知症がまだ「痴呆症」や「ぼけ」と呼ばれていた時代の印象が強く、医師でありながら病気にかかったということを、どこかで恥ずかしいと感じていたのでしょう。病気だから仕方がないのですが、父を見て少し同情する気持ちはありました。

気持ちが通じ合うまでに時間がかかる

在宅での介護を始めるとなると、遅かれ早かれ在宅医に来てもらうことになるということが予想できます。私はもともと、両親の家族でもありながら在宅担当医としても二人を診ていました。

父のほうは介護期間が長かったこともあり、さすがに在宅医に依頼をしましたが、そのときは医師のつてを使って、知り合いの医師に来てもらうことにしました。もともとの勤務先である近畿大学医学部附属病院の先生でした。

父は特に、自分自身が医師であるにもかかわらず認知症になったということにショックを受けていましたし、物忘れがひどくなったり、通常の生活ができていなかったりする姿を他人に、特に同じ医師に見られてしまうことにあまり良い思いをしていなかったのかもしれません。

一般的に在宅医に訪問診療を依頼する際、病院の地域連携室などに相談し、ソーシャルワーカーを介して、地域の在宅医を紹介してもらう。そういう流れが最も多いのです。

在宅での診療はすでに緩和ケア段階になっている状況で医師と「はじめまして」で顔を合わせて、そこからスタートします。

もちろん、医師側もその間に痛みをなくすような治療法を試してみたり、せっかく自宅で暮らすのですからＱＯＬ（生活の質）を向上させるための様式を考えたりと、医師として可能なことを行うようにはするはずです。

ただ、初対面の医師にいきなり家族との関係や、病気に対する考え方、さらには「死」との向き合い方などを躊躇なく話す人はなかなかいないでしょう。その医師が本当に信頼できるのかもまだ分からない状況だと思います。

一般の方にはつてなどありませんから、私のようなことはできませんし、最初に来てもらった医師に対して慣れていくしか方法はないと思われるでしょうが、私はそうは考えていません。

かつて大学病院などで勤務医をしていた経験からいいますと、病院の医師はホームグラウンドである「病院」に患者さんのほうから来てもらい、そこで「病気」を診ているわけです。

では、患者さんにとっての病院はどうかといいますと、やはりアウェイでしょう。決して「ホーム」ではありません。

たとえ個室に入院していたとしても、そこはアウェイです。個室のベッドで寝ていると、主治医が入ってきて、聴診器で胸の音を聞き、おなかを触診して「大丈夫ですか」「痛みはありませんか」などと質問して出ていきます。その間、患者さんはまったくの受け身であり、注文をつけたり意見を述べたりすることは難しいことがあります。少しは不自由さもあります。

一方で、「自宅」というのは患者さんにとってのホームグラウンドです。むしろ在宅医のほうがアウェイになります。

そこでは患者さんは伸び伸びと試合ができます。つまり、普段の暮らしを保ちながら医師と接することができるのです。

さしずめご家族は患者さんにとってチームメイトみたいなものでしょうか。手助けしてくれる人たちです。このチームメイトも病院では、たまに顔を出すぐらいでしかありません。

自宅のベッドで、病院と同じように医師が胸の音を聞いたりおなかの触診をしても、ホームグラウンドであれば気楽に質問もできますし、意見も言えます。薬が合わないみたいだとか、腰の痛みが治まらないといった病状だけでなく、嫁が冷たいだとか孫たちがうるさいといった悩み、愚痴、ボヤきも口をついて出てきます。

こうした事情を知ることも、在宅医にとっては大事なことなのです。というのも、環境が患者さんの体調に与える影響は決して少なくないからです。

自分の生活を守るために周りに頼る

私の場合は、自身が医師だということもあり、どの先生ならお願いしやすいかということが分かりますし、自分で直接依頼もできます。

また、先述した介護保険のサービスについても、確かに介護には医師も関わってくるため、多少なりとも私自身に介護の知識はあります。ただ、介護保険の制度は非常に難しく、さまざまなケースがあるため、一概にこうするべきというモデルケースはありません。

そういった点については、医師であっても、初めての介護を迎える一般の方と同じスタートラインだったといえるでしょう。

この医師は嫌だ、とか、このヘルパーさんは合わないといった患者さん自身の気持ちもありますし、在宅で介護の体制を整えるのはなかなかに難しいことです。

私は父のほうで在宅医をお願いしていた医師に、よくいろいろなことを相談していました。自分が医師だからといって、自分だけでは決めきれないこともありましたし、把握できていない症状についてはその医師にいつも聞いていました。

ＣＴ画像を見てもらったり、通院から入院に変更するときの手続きや、入院していた病院を転院させたときも相談に乗ってもらっていました。

在宅医は自宅に訪問するわけですから、当然ご家族の介護ぶりも見えてきますし、相談される内容も医療に関することだけでなく、介護に関することもあります。

そのときに「介護についてはケアマネージャーさんに話してください」と言われることもあると思いますが、たいていの在宅医は介護の分野にもネットワークをもっていますし、性格的にも困っている人を放っておけないタイプが多いので、一緒に考えることになります。ケアマネさんにつないだり、そこでも無理ならば別の方法を伝えたり……。両親の介護に関しても、家族である私と在宅医、それからヘルパーさんと訪問看護師でコミュニケーションを取りながら行います。

医療と介護、介護と看護というのは、システムとしては分かれていますが、具体的な患者さんを目の前にすると、どこからどこまでが医療、どこからどこまでは介護と分けられるものではありません。その区分けというのは、医師やケアマネージャー、看護師の個人的な判断による場合もあるのです。

そのボーダーラインについては誰がやってもいいのですが、逆に「誰もやろうとしない」という空白部分が生まれてしまうこともあります。野球で、外野フライを野手がお見合いをして、ぽとりと落とすようなものです。誰も手を出さずに、患者さんの具合だけが悪化し、最後は緊急入院になったりと、残念な結果が生じることもあるのです。

そうならないためには、より多くの医師に介護の守備範囲にも足を踏み入れてもらいたいと思います。

ただ、そのためには、私たち介護者も困ったことや苦しんでいることをどんどん口にしなければならないと私も介護体験を通じて感じていました。家族だから分かっておかなければならない、自分で判断しなければならないと思うと、どうしても一人で抱え込んでしまいます。

幸いにも私は早いうちから周りに頼るようにしていたので大丈夫でしたが、これを一人で見ていたらどうなっていただろうかとは、今でもよく思いますし、今の患者さんやご家族を見ていても思います。

人と、特に終末期という大事な時期に関わる人とは、時間をかけながらも密な関係を築いていく必要があると私は思います。それが自分の介護生活を助けることになるからです。

私も自分が両親を在宅医として診て治療を施すこともできないわけではありませんでしたが、私には自分の患者さんがいます。自分の生活を守り、維持するためには、ほかの力を借りることが大切なのです。

不安なときに相談できる人を見つける

介護というのは、たいていの方が「初体験」になります。私のように母の介護をして、父の介護というケースでも、当然母のときは初めての経験でした。

介護というのは突然やってきます。心の準備ができていない状態で「今日から介護しなくてはならない」となるのです。

私は両親の介護が始まることでそれまでの仕事を辞めなければならないという選択肢があることに、多少の不安や迷いがありました。それまでの生活が一変するわけですから、当然のことだと思います。

面倒を見るのは自分一人。寝たきりに近い状態だと、おむつの交換から食事の世話もしなくてはなりません。誤嚥をさせてしまったら肺炎を引き起こすこともある、などと聞けば、口元に運ぶスプーンも震えてしまいます。寝ていても、何が起きるか分かりません。数時間おきに寝ているところを確認したりする場合もあります。

そうした状況にあるとやはり心細く感じてきます。

そんなとき、同じような経験を共有できる人がいると、確かに心強いとは思います。いわゆる「家族会」のようなものが、病院や保健所などを介して作られていたりします。よく聞くのは認知症の親を抱えた息子や娘の集まりで、「こんなことがあった」「こんなときはどうしたら？」と経験を語り合う場が設けられたりしています。

とはいっても、夢中で介護をしていると、精神的な余裕をもつことはなかなかできません。

決して「悶々と」しているわけではなく、介護される親と自分だけの世界が構築されてきて、普段はしんどいとかつらいと感じる余裕さえなくなっていきます。そして、時折ふと「大丈夫かな」と不安になるのです。

私は医師ですので、それなりのノウハウもあり、なんとか介護をやり通せた部分もありましたが、最初だけでなく、日々迷うことや悩むこともありました。

そのようなときは、同じような経験をしている仲間ではなく、介護や医療のプロと連絡をとるべきでしょう。ケアマネージャーやヘルパーさん、訪問看護師、在宅医など、誰か一人でもいいので、何でも相談できるようにしておくと良いかもしれません。

ちょっとでも不安を感じたら、すぐに相談して解消し、悩みが積もっていくことを防ぎます。そのプロの人が分からないことなら、必ず分かる人を紹介してもらうようにし、そこで不安を聞いてもらい、困ったときの対処法を作っておくようにしましょう。

両親の介護だけに尽くし過ぎない

私自身は、これまで真面目に両親の面倒を見てきたと思っています。

私たちの心の底には親に対する「孝心」がありますが、まったく疲れを感じなかったわけではありません。特に最初のこの時期は慣れない生活に悪戦苦闘の毎日だったと思います。

しかし、そもそも、疲れ果てた状態で介護を続けていては、介護される側にも良い結果をもたらさないのです。ささいなミスを犯したり、苛立って口調が荒くなったり、時には虐待にまで進むこともあります。介護疲れからの殺人という話を耳にすることがありますが、たいてい真面目に面倒を見過ぎていることから起きています。

ところが、私は介護による後遺症のような状態には陥らずに済んだのです。

どうしてだろうと考えてみますと、私が医師であり、両親のかかりつけ医であり、在宅医でもあったからということももちろんありますが、それ以上に、早めの段階でほかの医師やヘルパーさん、訪問看護師に助けてもらったからだと思います。

介護による疲弊、特に精神的な疲れは、先が予測できないことから起こる部分が大きいと思います。私が介護をスタートさせた当初は、それまで一人暮らしで自分の生活を考えるだけでよかったし、医師の生活は昼夜を問わないため、その日によってリズムもバラバラです。しかし、両親と一緒に生活を始めると、三人分の生活リズムを把握しなければなりません。

さらに、高齢者の病状というのは変化が急なものです。気づかないうちにどんどん病気は進行していき、その状況にさらに動揺してしまうという悪循環が起こってしまいます。

医師でありながら私も、いつの間にここまで進行していたのか、と驚くことがありました。一緒に暮らしていなければもっと変化に気づくのが遅れていたかもしれません。

できれば介護が始まる前が理想だとは思いますが、介護が始まったあとでも、早めの段階でその後の介護生活の道のりが想定できていれば、疲れはかなりの部分を軽減できるのだと、この時期以降に私は改めて実感していきました。

［第3章］

進行する病に緊張で息がつまる日々——両親の介護と仕事の両立に奔走

身体は元気な認知症の父と動けなくなってきた母

父の認知症は、すぐ生活に支障が出るというほどではありませんでした。身体のほうは元気で、歩き回ったりすることは十分に可能だったのです。

時々、出かけると、なかなか帰ってこないこともありましたが、例えば徘徊によって私たちが近所を捜し回ったりするというほどのことはありません。

本人もその点は気をつけているようで、歩き慣れていない場所は訪れないようにしていたようです。

ただ、帰宅するまで時間がかかった日もたまにはあり、そんなときは道に迷ったり、方向が分からなくなっていたといいます。友人と待ち合わせした場所に行けなかったり、お店に財布を置き忘れてしまって、探して帰りが遅くなったこともありました。

一緒に買い物に行ったときのことです。デパートで父がトイレに行き、個室に入りました。カギを閉めて用を足したのでしょう。終えてから、ドアを開けて出ようとしたところ、自分で閉めたドアのカギの開け方が分からなくなったことでパニックになり、係員を呼んだことがありました。

認知症の人は初めての場所が最も苦手なのです。

よくお年寄りの方が転居をした途端に認知症がひどくなったという話を聞きますが、このことが原因なのでしょう。

ほかにも、レクリエーションをさせようと、一般の人たちが通う文化サロンに連れていったことがありました。デイサービスのようなところは「高齢者ばかりの施設じゃ嫌だ」と頑なに断ったためです。

もちろん、文化サロンも知らない人ばかりが集まっています。不安がないわけではありませんでしたが、それでもなんとか通い始めたのです。

ところが、やはり初めての場所にかなり緊張し、そこでもトイレに行ったのですが、スリッパで入るところを靴下のまま入ってしまい、そのあとに廊下などをウロウロしてしまいました。職員に見つけられてことなきを得たのですが、パニックになった父は、これまでのこともあり、よほど気持ちに堪えたのか「もう、こんなとこはやめる」と決めてしまったのです。

身体は元気なのですが、初めての環境に入るとわけが分からなくなることがある。それでパニックを起こしてしまう。これればかりは、どうしようもありませんでした。

逆にいえば、外出のときだけ気をつけていれば良くて、家のなかで生活する限りはほとんど困ることはなかったので、家族としては楽だったといえます。

この時期、私が両親を介護するというよりは、父と母が互いに互いを介護している状態でした。まさに老老介護の典型例です。どちらかというと父のほうが元気で、動きが鈍ってきた母を手助けする日々を送っていました。

3年ほどは、そうした比較的平穏な日々が続いていましたが、2012年頃から変化が見られます。

父の状態を年齢で判断しない

一つ、私が両親の、特に父の介護をしていたときに気をつけていたことがあります。それは、肉親が病気になったり、あるいは年齢による衰弱が見られたりしたとき、単に「年齢」だけで判断してはいけないということです。

「過保護」な世話は、高齢者にとってはむしろ害悪になってしまうことがあるのです。

身体の頑健さ、そして年とともに見られる衰えは個人差の大きいものです。１００歳を過ぎても自分の足ですたすた歩ける人もいれば、70代で車椅子に頼らなくてはならない人もいます。それまでの生活習慣、食生活や労働、精神の強弱などによって異なるので、一概に年齢だけで判断することは避けたほうがいいと思っていました。

先述したように、父の場合は身体は元気でしたが、認知症のため外出することが困難なところもありました。ただ、そうして家のなかに閉じこもっていたり、家族である私が外に出すのをためらったりすると、気分が沈み症状はどんどん進行していきます。身体もどんどん動かなくなっていきます。

若い頃から身体を使って仕事をしてきた人は、だいたい年を取っても元気です。昔話にあるように、かつては「おじいさんは山に柴刈りに、おばあさんは川に洗濯に」行っていたのです。

私はよく患者さんに「あなたは山に柴刈りに行っていますか」と尋ねます。

「おじいさん、おばあさんでも山や川まで歩いて行ったんですよ。ですから、近所への買い物ぐらいは行ってくださいね」と。

周りの人たちも、自分でできることは、できるだけ自分でやってもらうようにしたほうがいいのです。本人にやる気があって、自発的に「やりたい」と言うのなら、多少危なく見えたとしてもやってもらうほうが元気でいられます。

田舎のおじいさんが畑仕事をしたり、おばあさんがご家族の炊事や洗濯をしたりすることで元気を保ち、長生きをしている例はいくらでも見かけられます。

人間の身体は動くことが当たり前というふうにできているため、動かないでいると錆びついてしまい、動けない身体になってしまうのです。

多くの人は自分から「もう年だから」と思ってしまい、動かなくなって、身体を錆びつかせてしまいます。そうなると、ますます動けなくなり、動くことが億劫になってしまいます。介護するご家族のためにも、心も身体も若くいることが大切でしょう。

ついに母の頸髄腫瘍摘出を決める

２０１１年、母の状態がさらに悪くなってきました。

12月にCT検査を受けた際、胃壁の顕著な肥厚化が見られました。胃壁がまるでキャッチャーミットのように厚くなっていたのです。胃がんが疑われたので、2012年4月に胃カメラやPET検査を受けることになりました。

母はそれほど心配しているようには見えませんでした。もともと我慢強い人で、かつては家事をこなしながら開業医である父の仕事を毎日手伝ってきたのです。

受付や薬局などで患者さんの相手をするのですが、かなり忙しい状態で何十年かを過ごしてきました。

その間、さすがに身体がしんどくなった時期に、父に対して「誰か人を雇って、私のほうは手伝いを辞めさせてほしい」と頼んでいたようです。激しいやり取りをしているのも見たことがありますが、結局は母が折れて、同じように父の手伝いをして、家事も行う暮らしに戻っていったのです。

そうした生活が変化したのが、2000年に頸髄腫瘍が見つかったときでした。このときに父の仕事の手伝いを辞めて、家事だけに専念するようになったのです。

精神的に、とても楽になったのではないでしょうか。

手術をせずに通院だけで、そのあとの十年間を無事に生活してこられたのですから、やはり過労がその一因だったかもしれません。ですから、つい、父がもっと早くに辞めさせてあげていれば、と思ってしまうのです。

病院で胃がんの検査をしましたが、異常は見つかりませんでした。一安心したのですが、あとになって考えると、当然、このときに胃の「がん化」は始まっていたはずです。

検査では見つけることができない種類のがん、いわゆる「スキルスがん」（病巣が表面に表れずに胃壁のなかに潜り込むタイプ）だったためでしょう。これに気づけなかったことも、またあとになって悔やまれることでした。

胃がんの徴候はないと思っていましたので、夏頃から痩せてきた際も夏バテによるものかと思い、私が自宅で毎日点滴を行いました。

そして、秋になると尿漏れや便の失禁が見られるようになります。歩いていて転倒することも増えたため、以前から抱えていた頸髄腫瘍の悪化を疑い出したのです。

10年以上も手術をせず治療してきましたが、腫瘍が大きくなっているのであれば摘出しなくてはなりません。

病院で検査を受けたところ、やはり腫瘍は大きくなっているようでした。それが歩行を困難にするなど、さまざまな症状を引き起こしていたのです。

いよいよ腫瘍の摘出手術をしなくてはならないと判断されました。

摘出手術は翌年、2013年1月に大阪市立大学医学部附属病院にて行われました。どれだけ体力があるか心配でしたが、なんとか手術も無事に終わり、腫瘍は摘出できたのです。

2月にはリハビリ病院に転院、4月まで院内においてリハビリを行ってから家に帰ってきました。

介護生活でいちばん大変な時期

この時期、私のなかではいちばん大変なときだったと記憶しています。

母の状態が良くなかったので、人が常に入れ替わりで見ていないといけない状況だったのです。

日中は医師の仕事をしていたので、ヘルパーさんと訪問看護師に交互に来てもらい、長年実家に来ていたお手伝いさんもいたため、交代で様子を見て食事の世話などをしてもらっていました。

仕事が忙しく帰ってくるのが、毎日夜の8時を過ぎていました。帰ってからも両親の介護があるため、目薬を入れてあげたり、おむつを替えたりと細かな用事はたくさんあります。また、夜中にトイレに起きてくる母が押し車を押して廊下を歩くのですが、暗い廊下で押し車を引っかけて転んでしまうこともありました。隣の部屋で寝ていた私は、その物音で起きて様子を見にいき、トイレと最後ベッドに戻るまで付き添っていました。

寝られていたのかとよく聞かれますが、よく寝られていたほうだと思います。疲れ切っていたため、何も考えずに目をつむればすぐに眠っていました。ただ、たびたびそうして夜中に起きて、また寝てという繰り返しがあったのは事実です。

また、母は自分で食事ができない時期でもあったので、私が点滴をしていました。もともと実家に帰る前から、私が母の在宅主治医だったこともあり、訪問看護師にこういうふうにしてくれという指示はすべて私が出していました。

実家に戻ったあとは、脱水気味だなと感じたら夜な夜な点滴をしたりということもしていたのです。

このあたりは、医師でないとできないことではあると思います。夜中に転んで見にいくようなことはできても、脱水気味であることを見抜くのは、一般の方には非常に難しいと思います。この場合は、在宅担当医に連絡をしなければなりませんが、先述したように、一刻を争うことにもなりかねないので、医師に気を使うことではないと私は思っています。

私もおそらく自分が担当医でなければ、夜中でも連絡をしていたでしょう。

毎日の外食で初めて父との濃い付き合いを

父の認知症のほうは投薬での治療を続けていました。薬を処方してもらうために大学病院に通院していましたが、その通院には、母が付き添っていたのです。母が手術のために付き添っていくことができなくなったため、父の治療も在宅で行うようになりました。

そのため、父はさらに家にいる時間が長くなりました。

母が入院していた3カ月間は、私の一生のなかで最も父と親密に付き合った時間だったかもしれません。

両親の住まいは、今の私のクリニックから自転車で5分ぐらいのところにありました。夜、診療が終わったらまっすぐ帰って、父と食事に出るのです。これが毎日の日課となりました。

父は私が帰るまで夕飯を取らずに待っていました。ヘルパーさんに作ってもらったらどうかと提案しましたが「他人の世話にはなりたくない」と否定します。放っておくと、翌朝まで何も食べずにいるのです。

仕方なく午後8時頃に診療が終わると、急いで実家に戻り、父を車に乗せて外食に出ることにしました。

ファミリーレストランのようなところから回転寿司、和食レストランなどいろいろな飲食店へ行きました。とはいっても車で行ける店にも限りがあるので、やがては何軒かの店をローテーションで回るようになります。気に入っていたファミリーレストランなどは、週に4回行ったこともあるほどです。店の女の子にすっかり顔を覚えられてしまいました。

父は、私と一緒なら、文句を言わずどこへでも行きます。認知症になり、外出することへの不安を抱えていても、信頼している家族となら気持ち良く出かけられるのだと、改めて気づきました。

そして、そのようなことは一言も口にしない父ではありましたが、あれだけいろいろな食事を拒否していたのも、実のところ私とともに夕食を取りたかったためかもしれないと今では思います。

父とは、そのあとの何年間かいろいろと世話をすることになるのですが、振り返って思い出すのは、夜診療を終えて帰宅してから一緒に出かけて食べた晩ごはんのことばかりなのです。お店に入って食事をしながら、特に何を話したということでもないのですが、このときの情景が鮮やかに思い返されます。

私にとっては、それだけ濃厚な時間だったのかもしれません。

やがて母がリハビリ病院から戻り、再び老夫婦による暮らしが始まりました。退院後の母は、特に歩行が以前よりもおぼつかなくなっていました。家の中でも、トイレに行くのさえ押し車を使わなくてはならなくなったのです。押し車を使ってさえも途中で転倒することがあり、そのつど父が助けに行っていました。

まだ元気だった父のほうに、介護の負担がかかっていたのかもしれません。

続いて胃がんが母を襲う

退院後の母は、それなりにリハビリも頑張っていましたが、やはり体調が優れない日もあり、動かないでいることも多かったようです。

胃の病変は、私もあまり気にしていませんでした。なぜなら前々年に胃壁の肥厚化の際に行った検査だけでなく、頸髄腫瘍の摘出手術の前にもＰＥＴ検査と胃カメラもしていて、やはり異常は認められなかったからです。

リハビリ病院を退院してから歩行困難を来していましたが、それは手術の影響だろうと考えていました。

夏頃から食欲減退が加わり、以前のように痩せてきました。こちらも頸髄腫瘍の摘出手術の後遺症のようなものだろうと思い、リハビリをしていけば元に戻るだろうと思っていました。

しかし、これはあとから考えてのことですが、あまり食事が取れなくなった時期に、母の胃がんは一気に進行した可能性があったのです。

胃壁の肥厚化から食欲不振、手術後にも同じような食欲減退があって体重が落ちてきている。こうした状態だけを見れば、胃がんを疑うべきだったのです。

ただ、検査によって「白」と判定されたことが、その疑念を起こさせなかったともいえるでしょう。

退院して1年が経った2014年4月、ひどい下痢が続いたため、検査を受けます。すると、エコー検査によって腹水が認められました。すぐに精密検査を行ったところ、ここで初めて胃がんだということが判明したのです。

スキルスがんであり、腹膜播種《ふくまくはしゅ》が認められると診断されました。これはがん細胞がおなかのなかに種を蒔いたように散らばったため、腹水が溜まるという症状を伴います。また、もともと持病として抱えていた、肺の感染症である菌に侵される非定型抗酸菌症も指摘されました。

胃がんについては、手術はできないと判断され、以後、通院しながら抗がん剤による治療が始まったのです。

このときの父の思いはどのようなものだったのか。実は、尋ねたことがありません。

この精密検査の際にも母は1カ月以上入院したため、この間は以前と同様に父と私との生活になりました。

夜の診療が終わると父を連れて夕飯に出かける。そのような毎日です。ですから、父としては母のいない寂しさはあったにせよ、私との付き合いが濃くなって、それはそれで満足だったのかもしれません。

検査入院を終えた母は、抗がん剤治療が始まるのですが、副作用で手の皮膚がただれ、あかぎれ状態になったり、手指のしびれが続き、手の感覚がなくなりました。そんなときは、手にクリームを塗ってはテープを巻いて保護し、治療の援助をしました。

身体に異常のなかった父が脳内出血で倒れる

母が通院治療をしていた2016年1月20日のことです。

私は大学病院の外来の日で、早朝から家を空けていました。

家では、朝、父がいつまで経っても起きてこないので、母が寝室まで見にいきます。

そこで、床に倒れている父を発見したのです。いつ、どのぐらいの時間から倒れていたのかは分かりませんが、父はお漏らしをしたままであり、寝ているような状態だったそうです。

母はどうしていいか分からず、私の携帯電話に連絡を入れました。運悪く、私は外来診療中だったため電話に出られませんでした。そこで、母は自分のかかっていた病院・主治医のところに電話したのです。

「夫が倒れています。どうしたらいいでしょう？」

「すぐに救急車を呼びなさい」

やって来た救急車に父を乗せ、母は同乗して病院に向かいました。

私のところへも、病院に担ぎ込まれたあとで連絡が入ります。

「お父様が倒れて、救急車で運ばれたようです」

外来を途中で切り上げて、すぐさま病院へと向かいました。

担当の医師に言われたのは、「このままでは死ぬかもしれない」ということでした。状態は、かなり悪いということです。

そのとき、私は「それも仕方ないかな」と思っていました。

母は呆然としているだけで、あまり実感がありません。

数時間を経た頃でしょうか。父はなんとか危機を脱し、一命を取りとめたのです。

認知症の人が脳内出血になることはあり得ます。しかし、それは高血圧や糖尿病などから動脈硬化を合併していることがほとんどで、父のように血圧も血糖も正常な事例ではまれです。父の場合、認知症によって異常なたんぱく質、普通は脳内にないようなアミロイドたんぱく質が脳内に沈着し、それが血管内に溜まっていき、血管破綻したと考えられました。

ただ、こういった症状を引き起こすにはかなりの時間を要します。それより前に別の症状を引き起こし、それが悪化することのほうが多いのです。内臓疾患であるとか、呼吸器系の問題などです。

可能性は高いものの、なかなか脳内出血まで至らない人が多いのに、父の場合はほかの病気にはならずに脳に支障を来したのです。

何しろ父の場合は、普段から血圧も安定していて、常に120程度と肉体的には極めて健康だったからです。

父の脳内出血には主治医も驚いていました。

以後、父は寝たきりの状態になってしまったのです。

「お父さんのことは終わったからいい」

私の父は、どちらかというと亭主関白であり、母はそんな夫に従う従順な妻というイメージでした。もちろん、時には夫婦喧嘩もしていましたが、それでも最後は父の言うことに従って、「我」は隠してしまうのです。

母が一歩引くことで、はた目には仲のいい夫婦に見えていたのではないでしょうか。その意味で、父もそうでしたが母もまた「昭和の日本人」ふうなのです。

自分のことは脇に置いても誰かのために生きていく。父が元気なときは父のため、子どもが生まれてからはそこに子どもが加わります。自分のことは二の次にして、他者を立てて生きていく。そんな人だったのです。

そんな母が、父の入院後はまったく父に対して振り向くことをしなくなりました。

自分の身体の調子が悪かったこともあったのでしょうけれど、見舞いにも一度も行きませんでしたし、家で父の具合が話題に出ることも少なかったのです。

「お父さんのこと気にならないの？」と聞いたことがあります。そのとき、母は「お父さんのことは、もう終わったからいいの」と答えました。

「え、終わった？」

「今まで、いっぱい尽くしてきたから、もういいの。あとは自分のことだけを考えて生きていくの」

そのためには、できるだけ家にいたい、入院したくない、そういうことだったようです。

これまでは、他人のために生きる、自分のことはかまわないでほしいというような性格だったために、私も多少は驚きましたが、ただ、そう話したからといって、母が「自分のことだけを考えて」生きたのかどうかは分かりません。

むしろ、やはり「昭和の日本人」でしかなかったのかなと、随分とあとになって気づかされることになるのです。

［第4章］

痛みを隠して亡くなった母——後悔から見つめ直した父の「看取り」

倒れた父の見舞いには行かない母

父が脳内出血で倒れ、病院に搬送されたとき、救急車には母が同乗していました。私が駆けつけたのは、すでに処置が施されたあとで、父はなんとか一命を取りとめたのです。当初はかなり意識が朦朧としている状態で、それでも薄目を開けて、私のことを認識しているように見えました。しかし、私の話すことを理解しているのかどうかは分からず、言葉を発することもありませんでした。

少ししてから面会に行くと、にこっと笑ったりすることもありました。調子のいい日は車椅子に座り、雑誌を読むそぶりもしていました。ただ、これもまた、中身を理解していたのかどうかは分かりません。

父と会話らしい会話は交わせませんでした。何か口から音を発することはありますが、それが意志疎通のためなのかもよく分かりませんでした。

以後、父は長い入院生活に入るのですが、母は最初の搬送時に付き添って以降、一度も父の見舞いに行くことがありませんでした。

それは見事なまでです。

あとになってケアマネージャーさんから聞いたのですが、母としては少しでも家族、つまり私と一緒にいる時間を大切にしたかったようです。父の見舞いに行く時間さえもったいない、そんなふうに考えていたのでしょう。私に迷惑をかけるようになったら入院するつもりで、それまではできる限り自宅で暮らしたい、私にはそう話していました。

もちろん、父が意志疎通を図れない状態にあることも見舞いに行かない理由の一つでした。会話も成り立たないのなら、行っても仕方ないと割り切っていました。そもそも自分の体調も決して良好ではなく、父のことを慮る余裕などなかったのです。

あるとき、母がこんなことを言っていました。

「夫婦は、時には味方だけど、時には敵だから」と。

昔のことを思い返すと、私が見聞きしただけでも、いろいろあったのは分かっています。また、弟などからも聞いたことがありました。

母はいつも父の仕事を手伝い、そこに家事、子育てもやっていたため慢性疲労に陥っていました。慢性疲労のなかでは非定型抗酸菌という他人に移らない類の菌ですが、その菌によって肺に影ができるようになりました。普段は何も悪さはしませんが、体調が悪くなったり、ストレスが高まったりすると、途端に肺炎の症状が出るのです。

母も慢性疲労が体調に影響していることは感じていたのでしょう。ですから、「仕事の手伝いを辞めさせてほしい」と何度も頼んだようです。それでも父は辞めさせず、母も半ば諦めてからは、いっさいの愚痴は口にせずに手伝っていました。

そんな思いが時折爆発し、衝突することがあり、そんな場面を何度も目撃しています。ただ、そうはいっても、半世紀ほど一緒に過ごした夫婦ですから、深いところではつながってはいたのだろうと思えます。

例えば、父が倒れたのが2016年1月20日のことでしたが、それから2カ月半ほどあとに、母は亡くなってしまうのです。

父のことを気にはしていないと言いながらも、今まで同じ空間にいた伴侶がいなくなってしまったことに、一抹の寂しさは感じていたのかもしれないと思えてなりませんでした。

母のおむつを替える日々

父が入院してからは、私と母との二人暮らしになりました。

この頃の母は、どんどん身体が弱っていっていました。特に足腰が弱り、もともと心もとなかった歩行が、さらに危うくなっていたのです。

昼間は私が仕事に出てしまい、家に一人になってしまうので、誰かの目があったほうが安心だと思い、ヘルパーさん、少ししてからはお手伝いさんにも加わってもらっていました。

昼間はヘルパーさんとお手伝いさん、そして夜診療を終えてから朝までを私が担当します。

押し車を使っていても、トイレに行くときなどは介助が必要になっていきました。洋式トイレに座り、用を足したあと、立ち上がって自分でおむつを着けることが難しくなったからです。

私がいる時間帯は、私がトイレまで連れていき、おむつの世話もしました。また、夜寝ている間にお漏らしすることもあったので、寝る前に交換するのも私の役割だったのです。

母の介護で最も「しんどい」と感じたのは、このおむつを着け直したり、交換したりするときでした。

何も、身体がしんどいわけではありません。おむつ交換などは、肉体的にそれほどつらいことではありませんから。また、たとえ両親のものでもおむつ交換は嫌ではないのかと聞かれることもありますが、そのような感情はまったくありません。排泄は生きていくうえで当然の現象ですし、交換することに抵抗感はありません。母も自力で立てましたし、立たせたまま着け直せばいいだけで、ベッドでの交換も要領さえ覚えれば楽なものです。

ただ、息子におむつの世話をさせている母の気持ちを斟酌《しんしゃく》すると、とてもつらくなりました。

母は言葉にこそ表しませんでしたが、できることなら男性である息子におむつの交換をさせたくはなかったはずです。

うまく立ち上がれないときには、私に身体を支えられながら排泄することもありました。

母からすれば、そんな自らを情けなく思っていたはずですが、それと同時に息子とできるだけ一緒に暮らしていたい、という思いもあったのでしょう。そうした母の気持ちを思うと、今でも胸が痛みます。

母の意識は、亡くなるまでしっかりしていました。食事もほとんど一緒に取っていました。それだけに、息子に世話をさせることの恥ずかしさや苛立ちも強く感じていたのでしょう。

一方、私のほうは母のおむつの世話をしても、恥ずかしいなどと感じることはありませんでした。

昼間のおむつの世話はヘルパーさんとお手伝いさんに週に何度か来てもらっていて、夜が私の担当でした。

ヘルパーさんとはノートで申し送りなどを行っていました。「今日はこんなものを食べた」「おなかが痛いと言った」など、その日の母の状態を詳細に書き記しておいてくれます。私もまた、夜の状態を書き込みます。

私は家族であると同時に母の在宅主治医でもありましたから、体調管理、それに投薬管理などはより詳しく書いていたのです。

母は、父の入院後、あまり食事を取れなくなっていきました。そのために点滴を始めたりしています。そうしたこともノートに書きました。

昼間に点滴をすることも可能でしたが、明るいうちはできるだけ家のなかだけで動いてほしかったので、あくまで点滴は夜の間に行いました。夜中に始めて明け方には終わらせます。

点滴している間、私が何度か見に行きます。管理できるのは夜中しかないのですから、それも仕方ありません。母のベッドのある部屋の隣で私は寝ていたのですが、見に行くのは点滴の始まりと途中と、終わるときぐらいです。

よく、ヘルパーさんなどから睡眠は取れていますか、と聞かれましたが、案外大丈夫なものでした。大学病院に勤めている頃、夜勤も多かったので、横になればすぐに眠れるように訓練されたからでしょうか。ちょっとでも時間の余裕があれば、すぐに寝つくことができます。眠れずにいたら、翌日に響きますから、身体がそのように順応していったのです。また、患者さんに何か異変があったときにも、起こされればすぐ目覚められますし、用事が済めばまたすぐに寝られます。そうしたトレーニングが母の介護で役立ったのです。

ですから、点滴の合間にもきちんと眠っていましたし、目が覚めてすぐに動き出すことも可能でした。

ただ、そのことが母には理解できなかったようで、私が夜を徹して点滴のチェックをしているものだと思い、それもまた「申し訳ない」という思いにつながっていたのです。

夢中で介護しているときには疲れ知らずでいられる

こうした時期を思い返すと、何も悶々としながら介護に当たっていたわけではありません。そこには自分と母だけの世界があり、そのなかで夢中で世話をしている状態です。昼間は昼間で、夢中で仕事をしていました。

こういうこともありました。その日は点滴をせず、母はいつもどおりに床につきました。私も、少しゆったりと眠っていました。

すると、夜中、突然、大きな音がしたのです。

私は跳び起きて、隣の部屋に見に行きました。

母がトイレのために起き出して、一人で押し車を使ったのでしょう。押し車を抱えたまま倒れていたのです。すぐに助け起こして、トイレへ連れていきました。

　こんな状態ですから、忙しいといえば忙しいのかもしれませんが、不思議と体調を崩すことはありませんでした。人間というのは、倒れられないときは倒れないものだと、そのときに知りました。

　食事もきちんと取れましたし、栄養不足もありません。我ながら肉体的にタフだったのかなとは思います。

　実感として、介護する人が自分の身を削って行う介護は長続きしません。自分なりにきちんと食べて寝て健康を維持する、それが介護する者にとっての前提です。自分の元気を保つことが、介護される人をも元気にするのです。家のなかの全員がいい状態でいることが理想ですが、それが難しければ、なんとか介護の中心となる人だけでも元気でいられる工夫をすべきでしょう。

　さらには、精神的にも健康であるべきです。例えば、親が認知症になったときに、とても思い悩む人がいます。不眠症に陥ったり、食べる量が減ったりすることもあります。

　そこには、こうした理由があります。私の父でいえば、長年開業医としてやってきた人が、トイレのドアの開け方も分からなくなってしまった様子を見て、そんな人ではなかったのに……と、暗澹たる気分に陥ってしまうのです。

このようなとき、現在の父は過去の父と同じではないと思わなくてはいけません。過去にどれだけ立派なことをしてきた親御さんでも、認知症が進めば、認知機能は低下していきます。小学2年生と同じ程度になることもあるのです。しかし、これは病気だから仕方ないことだと認めてしまわなくてはなりません。

その状態を早くに受け入れることで、自分も、そして認知症の親も苦しまずに済むのです。

私と母の関係にもそういう面がありました。母のおむつを取り替えているとき、私のなかに「立派な母だったのに……」という気持ちがあったら、動きがぎこちなくなったでしょう。

一緒に暮らし、介護する人は、介護される人に対してできる限りのお世話をするしかありません。もちろん理屈としてはですが、そこに「かわいそうに」とか「情けない」といった感情が入る余地はありません。

1月の寒い時期、夜の診療が終わって、午後8時頃に家へ帰ると、台所で母が仰向けに倒れていました。言い方は悪いのですが、ひっくり返された亀のように、仰向けになり、動けない状態だったのです。

台所に用があったのでしょう。押し車で動き始め、その途中で転んでしまいます。ところが、どうしても起き上がれず、そのままの姿勢で私の帰りを待っていたというのです。「いったい何時頃、転んだのか」と問うと「午後5時頃だった」と言います。つまり、3時間も、その姿勢で動かずにいたわけです。

緊急用のボタンを携帯しているので、「どうしてボタンを押さなかったんだ」と聞いてみると、「そのうち帰ってくるから」と言って、にこっと笑いました。

他人に迷惑をかけたくないという思いなのです。このときは、なんとも言えずつらい気持ちになりました。

介護する側だけでなく介護される側の精神的なしんどさを解消できるような診療をする。それもまた、在宅医としての私の課題なのかもしれません。

最期まで他人に迷惑をかけることを嫌った母

父の見舞いにも定期的に行っていました。夜診が終わってからまっすぐ父のいる病院に寄って、それから母のいる自宅に帰り、母の世話をするわけです。日課として、毎日が淡々と進む感じでした。

倒れて入院したあとの父は、脳内出血の後遺症のために右側の片麻痺が残っただけでなく、会話もできなくなりました。

また、嚥下障害も起こしやすくなり、口から食べることができなくなったため、胃ろうといって胃に穴を空けて直接チューブで栄養剤を流し込むようになりました。胃ろうを施すと食べる楽しみがなくなるのですが、本人にはもうそうした意識もなかったかもしれません。

こうした両親の介護が続くなかで、母の死を迎えたのです。

母の最期は、突然でした。

2016年4月6日のことです。夕方に、急におなかが痛いと言い出したそうです。

この日、私は休診日でしたが、クリニックで仕事をしていました。

お手伝いさんから「お母さんが息子を呼んでほしいと言ってます」と連絡があり、すぐ帰ると、とにかくおなかが痛いと言います。

「いつから?」

「昼過ぎから」

ずっと我慢していたそうです。

急いで、それまでかかっていた病院に連れていき、ひとまず経過観察目的で入院となりました。

実は、これはあとになって分かるのですが、このときの母は胃に穴があいていた状態だったのです。そこから消化液、いわゆる胃酸が漏れていて、それで腹膜炎を引き起こしていました。と書くと、よくある症状に思えますが、これは激痛だったはずです。「おなかが痛い」という程度ではなく、七転八倒して転がりながら痛みを訴えるほどのものです。悶絶するほどに痛いのです。麻酔薬を使用しなくては、とても我慢できないぐらいです。

しかし、母はまったくそのような苦痛を訴えませんでした。

私が消灯時刻まで付き添っていると「もう、帰っていいよ」と言い、にこっと笑いました。その笑顔は今でも脳裏に焼き付いています。

そのような表情だったため、母の内臓がそれほどのすさまじい状態になっているとは想像もつきませんでした。

私は家に戻りました。

翌朝の6時頃、病院から「お母様が、心肺停止しました」と連絡がありました。電話を受けて「えっ？」と驚いたのは確かです。

すぐさま病院に行きました。

主治医も母が亡くなった理由をきちんと知りたいと、調べてくれていました。ここで胃に穴があいていることが分かったのです。

「激痛だったはずですが、よく我慢されていましたね」

主治医も驚いていました。

周りに迷惑をかけたくないということで、痛みを我慢していたのでしょうか。きっと刀で腹を切っているような痛みだったと思います。その意味で、母の死はまるで武士のようでした。

母の死に顔は安らかでした。亡くなる人というのは、痛み止めを使って、その状態で死を迎えるため、苦悶の表情という例はあまり多くありません。

ただ、母の場合は胃に穴があいたことによる急性腹膜炎が死因。いわゆるショック死です。それなのに、とても安らかな死に顔でした。

もしも正直に痛みを口にしても、結局は麻酔薬を入れるだけで、痛みを軽減して死を待つことになっていたでしょう。それでも麻酔薬を投与して痛みを軽減してあげたかったと思わなくもありません。

亡くなる人というのは、だいたい自分が死ぬ時期が分かっているものです。母もきっと分かっていたのではないでしょうか。

生前に「死ぬときは放っておいて。勝手に逝くから」と言っていましたが、本当にそのとおりの死に方だったのです。

ふとしたときに悲しみが襲いくる

私が喪主として母の葬儀を執り行いました。亡くなった早朝、すぐに葬儀社の手配をし、さすがにその日のクリニックでの診療は休みました。ただ、往診には行きました。末期がんの患者さんに、輸血を行う必要があったからです。輸血を休むわけにはいきません。

そして翌日には自宅に遺体が戻ってきたので、奥の部屋に安置していました。私はクリニックの診療を普通に行いましたし、翌々日のお通夜、そして葬儀については家族葬ということで、小規模なかたちで執り行いました。弟とその家族、親戚、かつての大学病院の関係者が何人か来られたぐらいです。

そして翌週からは、また日常的な業務に戻りました。

葬儀の最中、在宅で訪問していた患者さんから何件か電話はありました。ただ、急ぎで対応するようなことはなかったのでその点は助かりました。看取りがあれば、当然、駆けつけなければなりません。このときはなかったため、葬儀の席を外すことはありませんでした。単に運が良かったというだけです。

悲しむ暇も、体調を崩す余裕もないほどです。

ただ、悲しみに襲われる、というわけではありませんが、少し経ってからこういうことはありました。他人と普通の会話をしている最中、どういうわけか突然涙が流れてきて、止まらなくなったのです。特に母の思い出を語っていたわけでもなければ、母と関係のあった人と話していたわけでもありません。

あのときの、感情のほとばしりのようなものは不思議でしたが、あとで調べてみると、多くの人が同じような経験をしているようです。大事な人が亡くなっても、すぐに悲しみに暮れるわけではなく、時間が経過してから、まったく予期せぬかたちで悲しみの感情が湧いてくる。涙が止まらなくなったりすることがあるのですが、それがどういう理由で起こっているのか自分では理解できないのです。

母が亡くなったとき、父はリハビリ病院に転院していました。

その父のところへも母の死を伝えに行きましたが、もう、このときには話しかけても理解はしていなかったでしょう。こちらが顔を見せると、ベッドに横になったまま無表情でいます。時々、にこっと笑うことはありましたが、私のことを認識してのことだったかどうかは分かりません。

母のことを告げても何の反応も見せない父の状態を見たときにも、一抹の寂しさに襲われたことを覚えています。

老人ホームに入った父は、病院との行き来を繰り返す

母の死から3カ月後、父には有料老人ホームに入所してもらいました。

現在、病院では長い期間の入院を認めていません。特に治療行為が行われていない高齢者などは1カ月から3カ月ほどで転院を勧められます。

リハビリ病院に移っても、そこからまた別の病院へと移されることが予想されたため、父の場合は有料老人ホームに入れることにしました。もし、具合が悪くなったときはすぐさま病院に運んでもらえばいい。私のところへも連絡がくるので安心だろうと考えたのです。

ここからの父は、実際に病院と老人ホームとを頻繁に行き来することになります。

最も多かったのは誤嚥性の肺炎でした。

胃ろうにしていたのに、どうして誤嚥性肺炎になるのか不思議に感じる人も多いかもしれません。しかし、これはときに起こり得る現象なのです。

食事として胃に栄養が流し込まれます。普通に胃が働いてくれれば、そこで消化したものが腸に流れていきます。ところが、胃の働きが弱っていると、胃の中にあった栄養物が食道のほうに逆流することがあるのです。それが口にまで戻ってしまうこともあります。すると、改めて飲み込み、そのときに肺へと誤嚥してしまうわけです。

父は、まさにこうして肺炎を引き起こしました。

老人ホームから病院に運ばれます。そこは、私が非常勤医師として勤めているところなので、おなじみの病院で、担当医とも懇意にしています。私のクリニックからも一駅しか離れていません。

病院に運ばれると、すぐに連絡が来ます。「先生のところのお父さん、来ましたよ」という感じです。

本来なら、そこから入院になるので、家族が駆けつけて担当医の説明を受けなくてはなりません（仕事が忙しいという理由で何時間かは待ってもらえることもありますが）。病状の説明、治療方針などを聞き、付き添う必要があれば付き添うことになります。私の場合は、非常勤医師でもあったので、診療の合間に駆けつけたり、病状説明は翌日でもかまわないと、そのあたりは多少の融通が利いたのかもしれません。

有料老人ホームに入った翌年の3月から、2年間で5回ほど誤嚥性肺炎で入院しました。そのたびに私に連絡が来て、呼ばれます。ですから、あまり重くとらえることはありませんでした。

とはいっても、重症のときもありました。そのときは敗血症で、私が病院に行くと集中治療室に転室していて、担当医から「危ないかもしれない」と告げられました。

しかし、なんとか持ち直して、また老人ホームに戻ることができました。

父に死が近づいていることを感じ取る

母が亡くなってから父が亡くなるまで、介護において特にしんどい思いはしなかったように感じます。

老人ホームにいるため、お世話するのはホームのスタッフの方たち。時折、誤嚥性肺炎で病院に運び込まれても、看護師さんが手厚く面倒を見てくれます。私がやることといえば、基本的には見舞いに行って帰ってくるだけ。あとは、入院時に呼び出されるくらいです。

父の病状も分かっていますので、そんなにつらくもありませんし、身体もしんどくはなかったのです。

もちろん、それがどのような人にも当てはまるかどうかは分かりません。

私が医師であることも影響していたのでしょう。

多くの患者さんを診てきて、看取ってきたため、自分の父といえどもそういうケースの一例というように見てしまうのです。

認知症となり、脳内出血で倒れ、身体も弱ってきている。しかし、そのときすでに80歳を過ぎていましたから、日本人男性としては平均寿命を全うしているともいえます。

もちろん、父がこのような状態になっていることは残念ではありますが、だからといって悔しいとか惜しいなどとは思いませんでした。人はこうして病に倒れ、そして亡くなっていく。ごく当たり前の姿としてとらえていたのです。

２０１８年には、6月から11月にかけて、1カ月おきに入退院を繰り返していましたが、11月21日に退院したときには時間をおかずに再入院となりました。

この頃から、容態だけでなく顔つきなどを見ていて、「そろそろ死期が近いかも」と思い始めていたのです。

12月になると、その思いはさらに強くなってきました。

年末近く、肺炎をこじらせてしまい、かなり悪化しました（急性増悪）。担当医が知り合いだったので、正直な意見も聞けましたし、胸のレントゲン写真などを見て、私なりにも判断しました。この段階での状態では「もう、あと1カ月もたないだろうな」ということです。「父に2月はやって来ないだろう」、そんなふうに感じました。

年が明けて、正月に見舞いに行きました。このときも、父は眠りこけているだけです。身体が一回り小さくなったように感じました。

死に目にこだわる必要はない

父が亡くなったのは1月21日です。ほぼ私の見立てどおりでした。

父の死も、母のときと同様に葬儀などに追われて、いろいろなことを考える暇もありませんでしたが、ある程度は予測が付いていたので、心構えはできていました。12月末に見舞ったときに、こうなるだろうということは読めていたのです。そのあとの1カ月間ほどは「今日、連絡があったらどうしようか」と思いながら、毎朝診療に向かいました。

父が亡くなったという連絡が来たとき、私は患者さんの往診に行っている最中でした。携帯電話の発信者の番号を見て、それが友人の医師だったので「ついに来たな」と分かったのです。

友人は「心臓が止まりそうだけど、どうする?」と聞いてきました。私が駆けつけるまで、もたせたほうがいいかどうか、ということです。

「往診があるので、行けへん。すまないけれど、看取ってください」とお願いしました。すぐに弟に電話をし、もう亡くなりそうだと話しました。弟にも、その前から話していたので覚悟はできていたようです。用事を済ませたら病院に向かうと話していました。そのあと、駆けつけた弟も死に目には会えなかったようです。病院に着いたときには、すでに心肺停止のあとだったと聞きました。

私は「死に目」にこだわる必要はないという考え方です。病院でも家庭でも、よく深夜の時間帯に患者さんが亡くなることがあります。仮に家族が付き添いでそばにいたとしても、24時間起きていることはできませんし、お風呂に入っている間、トイレに行った隙に亡くなることもあるわけです。亡くなったときにいあわせることは、偶然でしかありません。

私がよく、末期がんなどの患者さんの家族に話すのは「面会するときはいつ何が起きてもいいような気持ちで面会してください」ということです。

「最後の患者さんとの関わりになるかもしれませんから」

父も医師なので、死に目に対してはそうした考えだったと思います。自分が死んだときも、私や弟が死に目に会えなくても「何で来なかった！」と言うこともないはずです。むしろ、「今、目の前にいる患者さんが優先だ」と言うのではないでしょうか。

亡くなった日に家に遺体が帰ってきました。

父の死については、母のときのように、少し経ってから涙が出てくるということはありませんでした。

特に、母よりも付き合いが浅かったわけではありませんが、認知症と分かったあたりからじわじわと覚悟ができていたからでしょう。そのあとも誤嚥性肺炎によって入退院を繰り返しました。病状が悪くなり、集中治療室に入って心肺停止になってもおかしくない事態に陥ったこともありました。それも切り抜けて、なだらかに生命力が落ちていくかのようにして亡くなったのです。

その死は想像したとおりのものでした。

また、父の介護でやり残したという思いもありません。

もう一つ、母は一緒に暮らし、隣の部屋で寝ながら点滴の様子を見たり、時にはおむつを替えたりしました。一緒に住んでいて介護をしていると、その患者さんが亡くなることで自分の私生活にも影響が出てきます。大きな変化があるのです。

例えば、母が生きている間は、ヘルパーさんや訪問看護師さんがしょっちゅう訪ねて来て、家の前には自転車が並んでいました。住んでいるのは二人なのに、そうした介護関係、医療関係者が出入りすることで、家のなかは賑わうのです。

それが、ある日突然すべてなくなってしまう。患者さんだけでなく、ヘルパーさんも来なくなれば、看護師さんも来ない。それは、やはり大きな空白になってしまいます。そのため、私生活をともにしていた家族が亡くなることが精神的にいちばん堪えるのでしょう。

私にとっては母がそうでしたが、父のほうは長く入院生活だったので私の生活には入り込んでいませんでした。だから、そこまで堪えなかったのかもしれません。

ただ、父が亡くなるまでの1カ月間、私が「今日、連絡が来るかも」という思いを抱き続けていたのは、結構精神的には負担だったようです。あとになって気づくのですが、ストレスになっていたという気がしました。

医師である私でさえそのような気持ちになるのですから、普通の人ならどれほど大変だろうかと想像を巡らせました。連日「いつ電話がかかってくるのか」と、頭のどこかで考えながら暮らしていきます。

それは、多くの人が「死に目」に会いたいと思っているからでしょう。しかし、主治医が「間に合わなくてもいいですよ」と言ってあげてもいいのではないかと思います。「亡くなったあとで来られても大丈夫です」と。

亡くなったときのことを家族に話すのは、ちょっと勇気が必要ですが、ご家族が四六時中「病状が悪化したのですぐに来てください、という連絡が来るかもしれない」と緊張しながら生活するのなら、それを和らげてあげるのも医師の役割でしょう。

それは、私自身が患者の家族となって学んだことでもあります。

自分自身が元気でこそ両親も幸せに

これは私の持論ですが、介護される者にとっては、その家族一人ひとりが元気でなくてはいけないと思っています。介護生活の犠牲になって、疲れ果ててしまっていては、介護される本人のためにもなりません。

私は最初から、両親だけのために生きようとは考えていませんでした。というのも、これまで綴ってきたように、自分には自分のやりたい医師という仕事があったからです。

また両親もそれを理解してくれていたのだと思います。特に母は、最期まで私に迷惑をかけないように、とずっと思っていたはずです。それは、自分のせいで私の生活がおろそかになってしまうことを恐れたからだと思います。

父は認知症だったため、そういった素振りを見せることはあまりありませんでしたが、息子から見ていると、やはり父も分からないなりに私の人生の幸せを願ってくれていたのだと思います。

よく見かけるのですが、介護のために仕事を辞めて、一生懸命に介護に打ち込む人たちがいます。親が倒れてすぐの時期は、それでもやっていけます。ご家族が集まり、順番に泊まり込んだりして世話をする。しかし、倒れたあとに人工呼吸器を付けられ、何週間も生き続けると、次第にご家族は疲弊していきます。亡くなったときには全員が疲れ切ってしまい、涙も出ないという状態になることもあるのです。

これは、患者さんにとってもご家族にとっても、決して好ましい介護のあり方ではないでしょう。

今になって、あのときもっとこうしてあげられたら良かった、ということがまったくないといえば嘘にはなりますが、私自身やれるだけのことはやれたのだと思っています。

私が元気に生活するうえで、両親の世話をしたり、あるいは手が回らないときはヘルパーさんや訪問看護師に助けてもらう。それで、少しでも長い期間、両親の世話を続けられるようにするというのが理想だったのではないかと思っています。

［第5章］

必ず訪れるその日のために――「在宅医」として家族に知ってほしいこと

早くからかかりつけ医をもつことが大事

在宅介護をスムーズに進めていくためには、まずは早い段階からかかりつけ医をもつことが大切です。在宅での療養が始まれば、ヘルパーさんの依頼や介護保険の申請などあらゆる手続きが必要になります。その前段階としてケアマネージャーによる介護認定を受けなくてはなりませんが、ここで医師の診断も必要になります。かかりつけ医は、そのような場合にも役に立つといえます。

もう一つ、かかりつけ医をもち、高齢の親などを診てもらっておくと、仮に親が認知症になった際、診療などが比較的スムーズに進められるということもあります。

私の父は、認知症でしたが私が医師であったことに加え、早い段階で父自身も症状に気がついて手を打てていましたが、一般の方はそういきません。

親が認知症の兆しを見せると、まず精神科などの外来で認知症かどうかの判断をしてもらうことになるでしょう。認知症だと診断されたら、その病院で診てもらうことになるはずです。しかし、高齢者はほかの病気にかかっている可能性も高いため、そちらの治療のために別の病院やクリニックにもかかっていたりします。

やがて、認知症が進むと在宅医に依頼することも考えるようになるでしょう。そのとき、初めて顔を合わせる医師だと、「あの先生はちょっと」と拒否反応を示すことがあるのです。これは高齢の患者さん全般に見られる傾向ですが、慣れ親しんだ医師でなければなかなか心を開いてくれません。私の父も同様でした。

よく見る顔、何となく知った人でなければ、自分を委ねようとはしないものなのです。認知症だと、先日往診した際の医師との会話は忘れてしまっているかもしれませんが、顔は覚えています。よく見かける顔であるため、「この人は自分に危害を加えない人だ」と認識してくれるのです。

少なくとも、かかりつけ医がいて、普段から検診などもしてもらっていれば、その程度のコミュニケーションは取れているはずですので、本格的な訪問診療に移行しやすいでしょう。

在宅医や介護認定のことを考えたりするということは、高齢になられた親御さんの介護がスタートする時期だということでもあります。

独身の息子や娘に介護の問題が降って湧いたように起きてくると、自分一人で問題を処理しようと考えがちです。その結果、仕事を辞めてしまったり、自宅で介護することを諦めてしまったりします。

しかし、こうしたケースでもヘルパーさんや訪問看護師などを入れて、なんとか介護をシステム化していく方法はいくらでも見つかるのです。

もしも、親御さんが自宅で暮らし続けたい、家族とともに過ごしたいと願っているのなら、そこは諦めずに方策を探してほしいのです。

そのためには、いろいろな人に相談をしてみましょう。誰か一人に相談して無理だと言われて諦めるのではなく、ケアマネージャーがだめなら、担当医。担当医にもだめだと言われたら、病院のソーシャルワーカー。誰か一人ぐらいは「なんとかできるのでは」と言う人が出てきて、別のネットワーク（医療・介護関係者）につながり、話もつながることがあります。

ただ、そこまで話がいかずに終わってしまうことも少なくありません。また、誰に相談していいか分からないという人のほうが多数を占めているのです。

たくさんの相談相手に当たってみるためにも、あらかじめ、かかりつけ医をもっておくと便利です。かかりつけ医が窓口となって、いろいろなネットワークにつなげてくれることがあるからです。一人で抱え込まなくて済むようにいろいろな人に相談していきましょう。

これから増えるであろう在宅医の役割

高齢化社会が進むと、人が長生きになっていく分、一人の人間が抱える病気も増えていきます。高齢化というのは、すべての人が健康体のまま年を取っていくわけではなくて、いくつもの病気をもちながらも、それらを薬や手術などで抑え込んで、その結果として「高齢」を維持しているわけです。

私が診た90歳の女性Aさんは、慢性の呼吸不全で在宅酸素を用い、慢性の心不全、慢性の腎不全、関節リウマチ、それにパーキンソン病も併発していました。

二つの大きな病院に通っていて、それもいろいろな科で診察を受けます。

一つの病院で済ませばいいのではないかと思われるかもしれませんが、そうはいかないのが難しいところです。例えば、パーキンソン病は神経内科で診療されますが、この科自体がどこの病院にもあるわけではないのです。Aさんも、一つの病院で呼吸不全の治療を受けていて、パーキンソン病にかかったと疑われた段階で「別の病院で受診してくださ い」と転院を勧められてしまいました。

病院自体も得手不得手があり、できるなら得意の分野で診ていきたいと考えるものです。こうしたケースはどんどん増えていて、今後はもっと多くの高齢者が病院の掛け持ちをしなくてはならなくなるでしょう。医療技術や薬の進化による長寿化は喜ばしいことではありますが、難しい問題も引き起こすのです。

それでは、こういう場合はどうしたらいいでしょう。Aさんが風邪をひいて熱を出した。または、ちょっとした腹痛で下痢をしている。どちらの病院に行けばいいのか。先にかかった病院に行くべきか、あるいは通院回数の多いほうに行くべきか、ご家族は迷ってしまいます。

ここで、かかりつけ医や在宅医が必要となってきます。ちょっとした風邪だと思われたら、まずかかりつけ医のところへ行き、診断してもらいます。単なる風邪だとしたら、薬をもらって帰って休むことになるでしょう。もしほかの病気が疑われるようなら、大病院に行く必要があると判断して、通院している病院に向かうことができるのです。

在宅医療で可能なこと

在宅医ができることには限界がありますし、逆に在宅医でなければできないこともたくさんあります。

病気の治療については、今の在宅医ならば、ほとんどの種類の病気は扱えるでしょう。末期がんの緩和ケアも、白血病の患者さんへの輸血も、専門としている在宅医が出てきていますので自宅で施してもらえます。

今後は、さらに多くの専門医が入ってくるでしょうし、医療機器も進化していくはずです。そうなると、自宅にいて受けられる診療の幅は今以上に広がっていくことになります。

もちろん、高度な機器を使った精密検査や手術はできませんので、紹介状を書いて大きな病院で取り扱ってもらうことになるでしょう。しかし、手術後の診療、特に長期にわたる診療などはむしろ在宅医に任せたほうが楽なことが多いのです。

例えば、大病院だと受付をしてから診察まで半日がかり、診療は十数分で終わることも少なくありません。病院までの往復に何十分かかかるとすると、半日どころか一日がかりになることもあるでしょう。患者さんのことを考えると、これは大変な負担になってしまいます。

その点、在宅医なら待ち時間を考えなくてもいいですし、診療にも時間をかけられます。例えば、以前、診たことのある患者さんは、再生不良性貧血を患っており、免疫抑制剤やステロイドホルモンを服用していたため、骨が極端に脆くなってしまいました。そのため、ちょっとした風邪でも大病院にかかることになるのですが、時間はかかるし、骨折も怖いので、できれば訪問診療にしたいと私の元に訪れました。

動かないことで便秘にもなりますし、腰やお尻の痛みもあるといいます。私が通い始めてから、とにかく腰痛やお尻の痛みを緩和しようとして、ねちっこく触診を繰り返しました。

「ここが痛い？」

「いいや、もっと左」

「このあたり?」

そんなやり取りをして、痛みのツボが分かると、そのあたりをさするようにしてみたのです。

そうやってマッサージを行ってみると、どうもこの痛みは筋肉の凝りではないかと思えてきました。高齢の方にはよく見られる症状です。動かず、寝たきりになってしまうことで、腰やお尻が凝ってしまい痛みが表れます。背骨の両脇は特に凝りやすく、よく寝たきりの患者さんから「揉んでくれ」と言われました。

シンプルなことですが、痛いところをしつこく触ってみるのは大事で、そうすると分かってくることもあるのです。

「少しずつ動かないとあきまへんな」と告げて、近所の老人ホームでリハビリをしてもらうようにしました。

すると、すぐさま効果が出てきて、だんだん動けるようになったのです。動き始めると、血液の状態も正常に近くなり、輸血も必要なくなりました。

しかし、大きな病院はなかなか診察に時間が取れません。細かく、ねちっこい診療は困難なことも多いのです。その点、在宅は時間がかけられるため、しつこく触ったり揉んだりすることで、病気の別の面が見えてきます。

特に、末期がんの場合、痛みの原因ががん転移なのか筋肉の凝りなのか分からないことがあります。がん性の疼痛だとモルヒネを投与しますが、それでは楽にならないこともあるのです。そんなときは凝っているだけのこともあります。

大腸がん末期の寝たきりの患者さんが「背中が痛い」と訴えてきて、じっくり診察するとやはりがんの疼痛ではなく、凝りによる痛みだったこともあります。その痛みの部位をぐりぐりとマッサージしたら「すごい楽ですわ」と言います。そこで訪問看護師さんに揉んでもらうようにしました。この患者さんは、そのまま麻薬は使わず、凝り解消のマッサージだけで最後まで進みました。

こうした対応の違いで、患者さんの日常生活が変わることもあるのです。こういったことは、在宅医ならではかもしれません。

在宅医としての治療は、マニュアルどおりではだめなことが多いのです。患者さんの訴えに真摯に耳を傾けることが、治療方針を分けていきます。

もしも痛みが筋肉の凝りではなく、本当にがんによる疼痛だった場合は麻薬を用いることになりますが、診療に時間をかけて説明すると患者さんも納得でき、安心して麻薬を使えるのです。

在宅医にはマニュアルがありません。個別の患者さんと深く、長く関わっていくことになるうえで、マニュアルなど通じないことも多々あります。

逆に言えば、マニュアルから外れた医療をも施し、伝えられるのが在宅医だともいえます。

信頼を得ることで病気も良くなる

現在、がん患者さんの数は非常に多く、大病院では病気の進行具合によってお願いできる患者さんには、通院で抗がん剤治療を受けてもらうというケースが増えています。

しかし、通院というのはなかなかに体力のいるものですし、通院治療の間にも病が進行していき、じきに通うことができなくなるという方もいます。そうなった場合は、もちろん大病院は入院を勧めてくれるはずですが、大病院側にもベッド数の限界や在院日数の関係などから、長くは入院できないことがあります。

通院も入院も難しいとなると、大病院の医師からは在宅医療を勧められることになりますが、この段階の患者さんには残された時間は少ないといえます。

もちろん、医師が「どれぐらい残り時間がある」とは言いません。しかし、本人も少ないことは自覚しているでしょう。その残された時間で関わっていける人数は限られてきます。在宅医は、そうしたうちの一人として、特に重要なポジションとして関わっていくのです。在宅医と患者さんはたいていい初対面ですので、信頼関係の構築をゼロから始めなくてはなりません。

ところが、見ず知らずの人が自宅にやって来て「はじめまして、担当医です」と言ったところで、自分の身体を、今後の人生を委ねようと思えるでしょうか。

私たち在宅医は信頼関係を構築するために気を使わなくてはなりませんが、患者さんはすでに余裕がなくなっている場合がほとんどなため、「気を使う」余裕すらないのです。おなかが痛かったり、背中が痛かったりして、それをどうにかしてほしいと思っているのですから。

こういう関わり方は、医師にも患者さんにも決して望ましい状態ではないでしょう。

それよりも抗がん剤治療で大病院に通っているうちに近所の在宅医をしているかかりつけ医に診てもらう。風邪でも腹痛でも、診てもらう。そこで互いの信頼関係を構築したうえで、やがて大病院はだんだん退いていき、かかりつけ医が積極的に治療していく。こういうパターンが在宅医にも患者さんにも理想的ではないかと考えています。

私が在宅医として診てきた患者さんに、99歳の男性Bさんがいました。独居で、近所に看護師のお孫さんが住んでいて、お孫さんが勤める整形外科のクリニックにBさんは2、3カ月に一度通っていたといいます。

私のところへ来た際、本人は息苦しさを訴えていました。診察すると身体もむくんでいて、食事も取れないといいます。

血中の酸素量がかなり低くなっていて、レントゲンを撮ると、胸水が溜まっているのが分かりました。胸水は肺炎や肋膜、肺がんなどいろいろな原因が考えられます。問診した限りにおいては、私としては「心不全」ではないかと診断しました。そして、このままでは命に関わってくると考え、近くの病院を紹介しました。

ところが、Bさんはとにかく病院が嫌いなようなのです。いざ病院に着いて検査を始め、ご家族が入院の準備をしようとすると、「嫌や」と言って帰ってしまいました。

実はBさんはこの年になるまで、ほとんど病院にかかったことがなく、入院など一度もしたことがなかったのです。病院に行った途端、あの独特な雰囲気のなか、「何をされるか分からへん」と思い「悪魔の巣窟に連れていかれた」という恐怖に駆られたのでしょう。

困ったご家族から、再び私のところに連絡があり「在宅医として診てほしい」と依頼されました。

Bさんとは初対面でしたが「Bさんのことをよく知らないから、ほかの医師を紹介します」とは言えません。誰かが診なくてはならないのです。それなら、私の元へ来られたのも何かの縁だと思ったのです。

その後、私はBさんの自宅へ往診に向かいました。

しかし、挨拶をして、血圧を測ろうとすると「嫌や」と拒まれます。血液検査のため採血をしようとすると、これもまた「嫌や」と拒み、とにかく「わしのことは放っておいてくれ」と言います。

ただ、見るからにしんどそうで、息遣いも荒く顔色も良くない状態です。自分の身体に何が起きているのかが分からず不安だったのでしょう。

病院でも心不全と診断されていますから、身体的に酸素が足りていないのは確かです。酸素を取り込ませて、今のしんどさを改善しなくてはなりません。在宅で酸素を吸引する機械とマスクを取り寄せたので、それを着けてもらうよう告げましたが、やはりそれも拒否され、ついには布団に潜り込んでしまいました。

ここまで意志の固い方であれば、無理に説得するよりもご本人が希望されるようにするのがいちばんです。

私は酸素マスクを布団の中にそーっと押し込み、ちょうど掛け布団で酸素テントのような状態を作って、「では、また来ますね」と声をかけて帰ることにしました。

これがBさんに対する、最初の在宅診療でした。

そのあとも、無理やり押しつけるのではなく、自発的に受け入れてもらえるように診療を続けていきました。何か特別な治療をしたわけではありませんが、少なくとも私の顔を見慣れ、信頼をしてくれたのでしょう。じきに採血や会話までしてくれるようになり、体調もかなり良くなってきたといいます。

また、好きな食べ物を吐いてしまってでも食べ続けたいという認知症の女性もいました。こういう場合も、食べさせてあげてもいいだろうというのが私の考えです。もちろん、身体のむくみや心臓の音などに異常がないかどうかは調べておきます。それらが正常であれば、本人と家族が納得できるまで食べてもらい、欲求を満たしてもらうことのほうが大事だと思うのです。

本人にも家族にも最良の方法を

私は在宅医療の原則として、「本人や家族にとって最も良いと思われることをしなくてはならない」と考えています。もし、本人と家族の「良いと思われること」が相反するなら、可能な限りは家族の意向に沿うようにします。

在宅医療では、自宅で治療継続を望む本人と、その考えに寄り添い、協力してくれる家族の関係が前提にあります。つまり、在宅医療が始まる時点で、家族は本人の良き理解者であり、本人の意志は家族に伝わっていることがほとんどです。

また、本人に万が一のことがあった場合、そのあと何十年も介護生活の思い出を胸に日々を過ごしていくのは家族（遺族）になります。この残される家族のためにも、在宅医は協力すべきだと思うのです。

これもまた在宅医なりの診療、医療のやり方があると信じているからです。病院ではなく在宅で医師の治療を受ける。そのときには在宅医なりの治療法を取るべきです。在宅医なりの治療法とは「この人の場合にはどうするのが最善か」を考え、本人やご家族に確認しながら、少しずつ進んでいくことだろうと思っています。

これは多発性骨髄腫を患う、70代の女性Cさんの例です。

Cさんには認知症もあったのですが、入院して抗がん剤治療を始めたところ、認知症もひどくなってきて、暴言を吐くようになったのです。

大病院では「治療ができない。もう末期に近いので、自宅で看取ってほしい」と言われ、紹介で私のところへ来てくれました。その際、病院側の話も聞きましたが、「万一、病状が悪化してもうちでは診られません」と言われました。

私にしてみれば「頼んでおきながら、悪くなっても診られないとはどういうことか」とは思いました。しかし、ここは状況にかかわらず、在宅医として最善を尽くすべきなのです。

本人はぐったりとしていて、精神的にも滅入っていました。顔を上げて、私の顔を見ながら話すことさえできない状態だったのです。

よっぽどつらかったのか、話をしても「手が痛い」や「首が痛い」といったことしかうかがえません。

なんとかしなければいけないと思い、連日、Cさんの家に通いました。

血液検査をして状態を調べ、痛いところには湿布をします。そして、体調はどうなのか、どこがどう痛いのかをゆっくりと聞きました。口が重かったCさんも少しずつ話してくれるようになります。

すると、日が経つにつれて、Cさんの気分が晴れてきました。顔を上げて話をしてくれるようにもなったのです。

通院の抗がん剤治療は休んでいたので、一度、行ってみてはどうかと勧めてみました。Cさんが病院に行かれてから主治医と電話で話しましたが「これなら治療できますよね」

と聞かれたため、私は「精神的に落ちついてきたので、大丈夫だと思いますよ」と伝えました。

それから、ちょっとずつ抗がん剤を服用していくと、だんだん状態が良くなってきます。認知症のほうの薬も少なくなっていきました。

私が在宅で診る頻度は少なくなったので、喜ばしいことではありましたが、あるときからは私の外来に、ご主人に連れられて訪れるようになりました。それだけ動けるようになったのです。

人が人を診るという行為は、やはり信頼関係のうえに成り立つのだなと改めて感じました。

まず人間関係ありきで、患者さんに信頼してもらえるかどうか。それによって、治療の効果も大きく変わってくるようです。

不安があれば迷わずセカンドオピニオンを

今受けている治療に不安を感じたならば、迷わずセカンドオピニオンを利用することも私はお勧めしています。例えば、手術しなくてはならないとか、抗がん剤治療をスタートさせるという場合は特に必要なのではないでしょうか。

私の外来に、たまに高血圧で診療にくる80歳の女性Dさんがいました。その方は自分で乳房にしこりを見つけ、私に相談されました。大病院を紹介受診すると、そこで手術を勧められたといいます。

ただ、大病院の医師とは初対面だったため、高齢なのに手術の必要があるのか、説明を聞いてもすぐには理解できず、今後の治療についてかかりつけ医とも相談したいと病院の担当医に話し、再び私に相談に来たのです。

かかりつけ医がセカンドオピニオンを取ることはほとんどないのですが、病院担当医の丁寧な報告書を見せてもらいました。すると、確かに、80歳ではあっても手術をしたほうがいいケースでした。

そう説明すると、やっと納得されたようで「先生が言わはんのやったら、ほんまやろうね」と言って、Dさんは手術に踏み切りました。

大病院の専門医がかかりつけ医に詳細な報告書（紹介状）を書くことは珍しいですが、

このようにセカンドオピニオンには、最初の医師の判断が「正しい」ということを後押ししてもらう意味もあるのです。

セカンドオピニオンを受けたいと思っている方は少なくないでしょう。ただ、実際に診断を下した主治医に対して「その診断が正しいのかを知りたいからセカンドオピニオンの紹介状を書いてほしい」と頼むのは容易なことではありません。そのため、どうしてもセカンドオピニオンというのは敬遠されてしまいがちです。

しかし、誰しも初めて会った医師に生命まで預けることになる手術を、簡単には任せられないでしょう。また、「それは違うのでは？」と思っても言い返せません。治療法について詳しく説明してくれたり、患者さんの気持ちを汲み取ってくれる別の医師も必要なのです。

もちろんセカンドオピニオンに納得がいかなければ、サードオピニオンを受けても良いのです。自分に対して施される治療法が、自分にとって納得のいくものであるかどうか。そこは、きっちりとこだわるべきでしょう。納得できたらあとはその先生を信じるだけです。

また、セカンドオピニオンを受けてくれる医師を患者さんやご家族の方が、何のつても使わずに探すことはとても難しく、労力も必要とします。そんなときは、決して一人で探す必要はありません。医師をはじめケアマネージャーや訪問看護師、ソーシャルワーカーなどのネットワークに頼ることもできると知っておいていただき、信頼できる医師を模索してください。

「入院」は今生の別れではない

私が実際に受け持っている患者さんのご家族のなかには、患者さんに入院してもらうことに抵抗感をもつ方がいます。おそらく、本当は家族である自分が介護するべきなのに、人に預けてしまっているという罪悪感や、もしかすると本人は家にいたいと思っているかもしれないのに自分たちが決めて良いのかという迷いをもっているのでしょう。

しかし、入院することは悪いことではありません。たとえ本人が入院を望んでいないとしても、家族が大変な思いをして自分の世話を続けていることは、本人も耐え難いはずです。

また、一度入院してしまっても一生家に戻って来られないわけではありません。入院して様子を見ながら退院し、また容態が悪くなれば入院することもできます。

以前に、肺がんが脳、骨、肝臓へと全身転移していた74歳の男性Eさんがいました。抗がん剤治療を受けていたものの、まったく効かなくなったのでステロイド剤の治療に切り替わったのです。通院もつらくなったため「在宅で診てもらったほうがいい」となり、私に依頼がありました。

ホルモン剤というのは脳転移した際に意識状態を保つのに大事な薬です。その薬が2日前から飲めなくなっていたので注射でステロイド剤を入れました。

Eさんは兄夫婦が面倒を見ていましたが、お二人も高齢ですので介護するのがつらくなっていました。そこで緩和ケア病棟に入院させてほしいという要望を出されました。

この状態なら、一刻を争うので、すぐさま手続きをしたほうがいいと、翌日すぐに病院へ行ってもらいました。

なんとか緩和ケア病棟で看取れるのではないかと思い、胸をなでおろしたところ再び連絡が入りました。兄夫婦と、その娘さん夫婦とが家族会議を開き、入院はとりやめて、やはり在宅でお世話しようと決めたというのです。

私は在宅でできる限りの診療をすると了承し、こう付け加えました。

「やはりしんどくなったときは、途中で入院してもらってもかまいません。そして、入院してもらったあとにやはり在宅にしたいとなってもいいんですよ」

入院も自由、帰るのも自由なのです。そのことは知っておいてください、と話しました。

その後、入院をとりやめてから5日後にEさんは亡くなりました。

患者さんの病状が進むと家族の誰もがあたふたしてしまいます。

家族間で意見が分かれ、どちらがいいか、まとめきれないこともあります。そんなとき、第三者として意見を求められることもあります。あくまで個人的な意見として「私の家族だったらどうしたいか」と考え、それを話すようにしています。

ただ、選択肢はいくつもあることだけは分かってもらわなくてはなりません。入院させることが「今生の別れ」になってしまっては、取り返しがつきません。そうではなく、いつでも戻れるんだよ、いつでも入院できるんだよ、そう話すことで随分と気が楽になるのです。

家族が気持ちを楽にして、そこで決定できれば、きっとそれが患者さんにとっても最良の選択になるのではないでしょうか。

ナチュラルコースという選択

高齢者といっても必ずしも全員が病気にかかっているわけではありません。なかには、ほとんど病院に行ったことのない人も意外に多いのです。若い頃に一生懸命に働いてきたおかげで、身体的には頑丈になっている。そのおかげで90代まで生き抜いてきた人は本当に屈強です。

私が7年間、訪問し続けた103歳の女性Fさんは肉体が頑健であり、何の病気もない方でした。

診療してみても、血圧は正常、耳も聞こえているし、目もよく見えています。日常生活には何の支障もありません。それでも、もう年齢が100歳を超えているので、家族としては心配だというのです。

私は「あえて病名を付けるなら高齢ですね」と冗談めかして話しました。実際、亡くなるとしたら原因は老衰ということになるでしょう。

在宅医の訪問を頼むのには、Ｆさんのようにいずれ体調が悪くなるかもしれない、また実際に本人が病にかかってしまったなどの理由だけでなく、「介護保険の書類を書いてもらう」という目的もあります。

Ｆさんの生活の基本はベッドの上でした。横になる時間が長いので、筋肉の低下が見られました。その後数年通い続けているうちに、さすがに体力が落ちてきました。それも、あるときを境に日に日に落ちてきたのです。

しかし、本人は鷹揚な性格で、私が訪ねると笑顔で迎えてくれます。「よお来たな」と言って、昔話などをしてくれました。薬は極力使わず、体調を整える方法を考え、よほどつらそうなときだけは点滴をするようにしました。

本人もご家族も「できるだけ自然に」というのが希望だったのです。流れのままに生きて、自然に過ごしていたい、と。

さらに日が経つと、かなり食欲がなくなってきました。誤嚥も多くなり、誤嚥性肺炎を心配しなくてはならなくなってきました。腰痛もひどくなってきています。

Ｆさんは普段一人暮らしをしていました。ヘルパーさんが訪れていましたが、やはり体調が思わしくなくなってからは、ご家族が頻繁に来るようになったのです。

じきにほとんど食事ができなくなります。その前の段階で、点滴での栄養補給も断られていたので、とにかく腰痛の緩和だけは心がけました。本人としては、慢性の痛みだけがしんどかっただろうと思います。それでも「つらい」と口にしたり、痛みを嘆くこともありませんでした。

その翌月、Ｆさんは静かに息を引き取りました。

誰もがこのように「自然な死」を迎えられるわけではありません。病を得て、長く闘病を続けたり、大きなケガで人事不省に陥ったり、さまざまな理由によって「自然な死」から離されてしまうことがほとんどです。

ただ、あらゆる治療を施されて生きながらえることが必ずしも本人の望む幸せとは限りません。自然に老いていき、自然な流れで死を迎えることを希望するのであれば、たとえ家族が別れを迎えるのが受け入れ難いとしても、望みどおりにしてあげるのが最善なのです。

私たち医師側も、そういうふうに苦しむ患者さんも、最期にはできるだけ「自然な死」に近づけてあげたいという思いがあり、そのため患者さん本人や家族とのコミュニケーションを大切にしているのです。

病を抱えてきたからこそ何もしない

これまで病気にもかかわらず、元気な状態で過ごしてきたから死ぬときも自然な状態でいたいという考えはもちろんありますが、一方でこれまでたくさんの病にかかってきたという方もいるでしょう。

そのような方の場合は、しんどい思いをさせないよう痛みや苦しみを取るためにあらゆる治療を施していくという考えをもつ家族や医師も少なくありません。

しかし、これまでずっとしんどい思いをしてきたからこそ、この先は特別な治療を行わず、楽にしてあげるというのも一つの手なのです。

腎不全と白血病で亡くなられた58歳の女性Gさんがいました。この方は、Fさんとは別の意味で、人生の終幕近くを「自然のまま」に過ごそうと決められました。

20代で糖尿病を患ったのですが、家庭の影響で十分な治療を受けることができず病気は悪化していき、私が出会った頃には壊疽によって右脚の膝下を切断してしまった状態で、義足を使っていたのです。

私が初めて関わったときには、骨髄異形成症候群といって白血病の前段階が見られました。一方で、腎不全がひどくなって人工透析も始まったのです。大病院に入院して透析を導入され、まもなく転院したといいます。

ところが、Gさんはその転院先の病院に不信感を抱いていました。Gさんが言うには、毎日出されている薬を間違えられそうになったり、それに対しての医師や看護師の対応もそっけないものだったそうです。

そのようなときに、たまたま私がGさんの見舞いに行きました。彼女から相談を受けます。

「ここは、嫌や。長くいるつもりはない。早く家に帰りたい」

「治療が一段落すれば帰れるよ」

「いや、すぐに帰りたい」

「なら、戻ったらよろしいやん」

思い詰めた表情を浮かべていました。それでは、と手続きを進め、なんとか帰れるようにしたのです。

そういう状況で、私が抗がん剤を出しながら、在宅医として訪問するようになったのです。それが年も明けた1月のことでした。

私が病院にお見舞いに行ったとき、彼女は四面楚歌のような状態だったと思います。肉体的にも精神的にもじり貧になっていて、余裕もなく、身動きが取れなかったのです。

そんな、ある日のことです。Gさんから連絡があり、血圧がとても低くなっているというのです。これは白血病が悪化してきたことが原因です。ただ、問題は人工透析でした。血圧が下がり過ぎると透析ができなくなるのです。

本人からは「正直に教えてほしい」と言われ、私は白血病の悪化と血圧の低下はこれからも続き、そうなると透析は受けられないかもしれないと話しました。

「そうなると、命はどれぐらいもちますか」

Gさんなら、きちんと説明しても大丈夫だろうと判断して、「一週間以内だろうと思います」と言いました。

在宅でがん末期の患者さんを診ていても、本人に「あと一週間」という余命宣告をすることはあり得ません。「かなり悪いですね」とは言っても、具体的な期間などは言わないようにしています。

しかし、Gさんの場合は、白血病の悪化と透析中断という、かなり特殊な条件でした。本人からは「先生に、在宅でこのまま看取ってほしい」と言われました。

もちろん、私としても一週間をただ漫然と待っていたわけではありません。Gさんの弟さんが茨城にいるという話を聞いていたので電話をして、Gさんの容態を詳しく説明しました。「このままいくと一週間ほどしかもたない、Gさんは一人で頑張ろうとしている」と伝えました。

すると、弟さんは急いで帰阪し、姉の世話をすることにしたのです。

これ以降、いっさいの身の回りのことは、この弟さんがやるようになりました。

それからのGさんは、弟の手を借りて、死に向かう準備を始めました。「早く、静かに逝きたい」というのが、よく口にしていたことです。

やがて、身体がつらくなってきたのが、そばで見ていても分かりました。「これじゃ、安らかに逝けない」と嘆き始めます。

薬で眠くすれば、身体のほうは少し楽になります。ただ、そのときに呼吸が弱くなることには気をつけなくてはなりません。呼吸を抑えないよう、眠くなる点滴を施しました。ある日、目が覚めたときに「意識がある間に言っておきます。先生長い間ありがとうございました」と言ってくれたのです。

弟さんからは「つらい時間が長引かないようにしてあげてください」と言われ、できるだけ痛みを感じないように眠れる薬を調節しました。

5月9日の深夜1時。心肺停止状態になり、私が看取りました。

Gさんのように人工透析をしていて、白血病が進むという症例は、決して多くはありません。ただ、糖尿病を放置し過ぎて腎不全になり、抵抗力が弱まったために血液の病気を発症したということはあります。そこに、まったく因果関係がないわけではありません。もし糖尿病を放置していなかったら、と考えても仕方がないのですが、もしかしたら血液の病気も起こさなかったかもしれないのです。

在宅医と患者さんというGさんとの関わりを思い返すと、病気、そして死との向き合い方はその人の個性を映し出すような気がしてきます。

その個性を受け入れられるだけの度量を医師の側はもっていなくてはならないのでしょう。

在宅医として家族会議に参加することも

患者さんの気持ちとご家族の気持ちとがうまく通じておらず、すれ違っている例もあります。

あるとき私は、Hさんという悪性リンパ腫の末期を患っている78歳の男性から、在宅治療を受けたいと申し込まれました。

Hさんは通院で抗がん剤治療を受けていましたが、抗がん剤が効かなくなり、ホルモン剤だけを投与されていました。持病としてリウマチもあり、また間質性肺炎も引き起こしていて、状態が不安定となったため「在宅医を頼んだほうがいい」とアドバイスを受けたそうです。

私はさっそくHさんのもとを訪れたのですが、そのときは熱が出ていて呼吸状態も悪く、いわば息も絶え絶えの様子でした。話を聞くと、食事も取れず、便秘もあり、ベッドに横になっているだけでしんどいといいます。

同居する次女に「ご家族としてはどういう治療を望みますか」と尋ねると、どうも歯切れが悪く、悩んでしまいます。

父に迷惑をかけられているという思いはないけれど、遠方に住んでいる長女に対して気兼ねしていました。父親のお世話をしているのは自分ではあるけれど、治療方針について自分が決めるには荷が重すぎる。長女に相談したけれど、うまく理解してくれないというような状況でした。

その間にもHさんの状態はさらに悪くなっており、予想以上のスピードで悪化していく病状に、本人も次女も混乱していました。

今後の治療方針も含めて、きちんと決める段階に来ていると考えた私は、長女に連絡を取って家族会議を開いたらどうかと提案したのです。

話し合いでは、初めは三人とも言いたいことを言えない雰囲気でしたが、私からHさんの病状などを説明し、いくつかの治療の道筋を説明すると、やっと三人のやり取りが始まりました。

Hさんは、本当は家で生活をしたいのだが、食事にしても排泄にしても、もう一人で行うことさえ難しくなっている。そうなると、次女の手を借りなくてはならないし、仕事をしている次女にさらに迷惑をかけるのは申し訳ないというのです。

次女は「父親の世話は嫌ではないし、これからも面倒を見てあげたい」と話します。ただ、父親の姿を見ていると、このまま自宅での治療を続けていくのがベストなのかどうか判断できなくなったといいます。

長女は、何度か次女から電話で父親の容態については報告されていましたが、次女も頭のなかが整理できていないため要領を得ず、理解できていませんでした。自分としては、父親の意向を大事にしたいものの、次女にすべてを任せっきりになってしまっていることに負い目があり、それで何も言えずにいたそうです。

ここで、私はあくまで医師としての客観的な意見を述べました。

「ご家族の状態を見ていますと、今はお父さんに入院してもらってはいかがでしょうか。

次女さんのほうには、日に日に悪くなるお父さんのお世話は荷が重いように見受けられます。入院してみて、やはり自宅での療養のほうがいいと判断されたら、そのときには退院して家に戻られたらいいのです。とにかく、三人が三人ともわけが分からない状態であたふたするのではなく、落ちついて考えるためにも、とりあえずの入院をお勧めします」

この意見に三人とも納得しました。Hさんにしても次女にしても、ほぼ「入院」に傾いていたのですが、最後の一押しを欲していたのです。

Hさんのように病状が一気に悪化した場合だけでなく、介護疲れなどもあると、家族がパニック状態に陥ることがあります。医師がいくつかの治療法を提示しても、なかなか考えられなくなっているのです。病気の進行に患者さんもご家族もついてこられなくなっているわけです。

数日にわたってHさんを診ていると、このまま自宅で看取るか、病院で看取るかという選択になるだろうということは予想できました。

ただ、本人にありのままを説明するわけにはいきません。言葉を選ぶようにします。あまりクリアに説明し過ぎると、患者さんはただ受け入れるしかなくなってしまう。状態がひどく悪くなり、8割9割は「だめかな」と思っている患者さんも、1割は「もしかしたら」という希望をもっているものです。その希望の光を消してはなりません。

悪くはなっているものの、「痛みを取るにはこうしたらいいですよ」とか、「こういうものなら食べられるようになりますよ」と肯定的な話を伝えます。

もちろんご家族には、きちんと話をします。Hさんのご家族にも、かなり悪いということは伝えてから話し合いに臨んでもらいました。

患者さんもご家族も、みんなが落としどころを探っているのですが「こうしよう！」と誰も言い出せずにいる。それは正解のない問いかけだからです。どの選択肢を選び取っても、結局は選ばなかったことが「正解」に思えてしまうのです。

そこは医師側のサポートを求める必要があるでしょう。

入院すると決めるにしても、Hさんと次女だけで決めてしまっては、長女と次女との間にあとあとまでわだかまりが残ってしまいます。あくまで三人が話し合って決めたというかたちにしなくてはなりません。そこから次のステップに進むことができるのです。

在宅医には、このような直接の医療行為以外で、患者さんやご家族との関わりがたくさんあります。検査の数値と病巣だけを見ていればいいというわけにはいきません。対話を重ねていって患者さんの本心を探り、また、ご家族との関係を見据えて治療方針などを決めていきます。

そうしたことに魅力を感じる医師が在宅医となるのでしょう。

親子間の不和も調整していく

親子や家族間で気を使い合うがために、なかなか治療方針を決められないというケースもありますが、なかには親子の関係性があまり良くないために、お互いの考えが相容れないケースももちろんあります。

以前、私が往診に行っていた末期の白血病を患う83歳の男性Iさんがこのケースでした。ある病院の血液内科で診てもらっていましたが「在宅で診てほしい」ということで私のところを紹介されたようでした。

Iさんは奥さんと、50代の息子さんとの三人暮らしで、奥さんは認知症を患っていました。自分のことは自分でできますし、家族のことは認識できるのですが、買い物に出たり、病院に通ったりするのは難しい状態でした。

このIさんのもとへは、3カ月ほど通い、輸血などを行いました。3カ月というお付き合いは、在宅医として決して短いわけではありませんが、Iさんの場合は病気とは無関係のところで、在宅医としての役割を終えねばならなかったのです。

あるとき、診療を終えた私に、息子さんが突然こんなことを言い出したのです。

「私は子どもの頃から父親のことが大嫌いでした。冷たいと思うかもしれませんが、病気で弱った父を見ていても、やはり好きにはなれません」

今まで誰にも話したことがなかったようで、周りの人は誰も知らなかったといいます。しかし、彼としては長年にわたって、父親に対する嫌悪感が募っていたのでしょう。かといって、生きていくのに手助けが必要な父親を見放すこともできない。彼には彼なりの葛藤があったのです。

息子さんに、どうしたいかと尋ねると、在宅で面倒を見ることには、もう耐えられないので、病院に入院してもらいたいと正直な気持ちを伝えてくれました。

毎日、自宅で顔を合わせなくてはならないことが我慢できなくなってきたというのです。

Ｉさんの体調は良くも悪くもなっていませんが、確実に体力は衰えていました。そのことはご本人がいちばんよく分かっていたと思いますが、それでも自宅で暮らしたいというのは、奥さんのこともあったでしょうし、家のほうが気楽だったということもあります。

息子さんには、そうしたことも話しましたが、すべてを理解されたうえでの決断でした。そうなると、在宅医としては「本人と家族にとって最も良い方策」を考えることになります。まず「本人」、それから「家族」です。

在宅医としては、同時に家族のことも考え合わせなくてはなりません。これは、家族の「気持ちを慮る」というだけでなく、介護する家族が熱心になれないような状態では、患者さんにとっても良くない結果につながるからです。家族が気持ち良くお世話できてこそ、患者さん本人にとっても安寧が訪れると言えます。

白血病の状態が少し落ちついた時期に、改めてご本人に入院を提案したところ、受け入れてくれました。

Ｉさんに入院について尋ねたとき、もし「入院は絶対に嫌だ」と答えていたら、私としてはもう一度息子さんに確認することになったでしょう。ただ、これは私個人の意見ですが、Iさんにとって大事な役割となっている息子さんが「大嫌いだ」と言うのであれば、それは望ましくないと考えます。

また、脳腫瘍を患っていた74歳のある女性Jさんは、息子さんとの関係性が不安定でした。看護師長から聞いたのは、この息子さんは、かつて母であるJさんから虐待を受けていたというのです。

息子さんは、「ほかに面倒を見る人がいなかったので仕方なく自分が面倒を見ることになったんです」と話しますが、簡単に割り切れることではありません。

ただ、治療や看取りをどうするのかということは、息子さんに判断を仰がなくてはなりません。容態が変化したとき、老人ホームで点滴などやれることだけやっていくのか。また、最期は病院に任せるのか、それとも老人ホームで看取るようにするのか。

私にできることは、気持ちが揺れ動いていても、患者さんにとって最良の方策を考え、提示することだろうと思います。彼に選択させるのではなく、あくまで提示することです。

例えば、熱が出たときに「抗生物質を注射しますか?」と聞くのではなく、「抗生物質を注射しておきますね」と確認する意味で聞くのです。

彼としては、いくつかのなかから選択するのではないので頷きやすいでしょう。いくつもの選択肢があると心の葛藤が表面に出てきて、彼自身が苦しんでしまうからです。

在宅医はさまざまな提案をしていきます。提案や提示も、できるだけ咀嚼しやすいかたちにして伝えてあげると飲み込みやすくなります。

患者さんにとって、家族にとって、入院がいいのか在宅がいいのか。互いが望ましい答えを見つけるのは難しいことです。ケースバイケースで、どちらの意見も聞きながら、少なくとも「そのとき」の最善を尽くすことが、在宅医の役割になってくるのです。

ご家族の頭のなかを整理することも在宅医の役目

前項でもお話ししたように、患者さんにどのような治療をしていくかで家族間の意見が分かれたときなどに家族会議が行われることがあります。そうした話し合いの場に参加してほしいといわれることも少なくありません。

私としては、極力口は挟まず、全員の意見を聞くようにしています。

もちろん、在宅で診られる範囲、病院で診られる範囲については説明します。そして、今の患者さんの病気の程度はどのぐらいなのかということも話します。「かなり弱ってきてますよ」というだけでなく「余命1カ月ぐらいです」と言うこともありますし、ショックを受けそうな家族なら「先週はこれができていたのに今週はできなくなってます」という表現を使うこともあります。

一週間でこれだけ悪くなっているので、余命はあと1カ月ぐらいでしょうか、と暗に伝えているわけです。

ほかに説明するのは、入院してもらうと決めても、あとで在宅に戻ってきてもらうことも可能ということです。在宅から入院というのはイメージしやすいのですが、入院から在宅というのはあまり考えられていないようです。実際に、このパターンは希有なのですが、それでも入院してもらうことが「最後」と考える必要はないと知っておいてもらいたいのです。出入りは自由です。

本人の意志とご家族の意志とが異なる場合もあります。ただ、実際に動くのはご家族の方ですから、ご家族の意志を尊重することが多くなります。

ただ、本人が是が非でも在宅にこだわっている場合は、やはり「患者さんは在宅で診てほしいと言っていますよ」と私のほうからも話します。本人の意志を理解してくれれば、ご家族も無理に入院させたいとは思わないようです。

会議の最中「先生なら、どうしますか?」と聞かれることも結構あります。家族間で意見が分かれていたり、家族同士の人間関係が微妙だったりしてまとめきれないときに、第三者の意見を聞きたいのでしょう。

そんなときは、私がこの患者さんの家族ならこういうふうに考え、こうしたいと思うでしょう、と伝えます。そうとしか答えられないのですが、ご家族が求めている回答はこの内容だとも思うのです。

特に私が変わった意見を言っているわけではなくて、ご家族の誰かが思っていたり、みんな薄々感じている意見です。ただ、決定的にそこに落ちつかせようという要素がないため、それで私に尋ねてくるのです。

ここでもまたマニュアルどおりにはいきません。いろいろと話したり、助言をしたりして、ご家族が最終的に決めたことについては、たとえ「どうかな」と疑問に思えることであっても尊重します。

在宅医は、当然意見を統一するためのお手伝いはするけれど、決めるのはあくまで自分たちだということも心のどこかに置いておいてください。

在宅医を選ぶには

在宅医について、いろいろと説明してきましたが、病院のソーシャルワーカーやケアマネから紹介してもらう以外の判断基準についても触れておきましょう。

まず、在宅医の看板を掲げている段階で、その医師はある程度は患者さんに寄り添っていきたいという希望をもつ人だと判断できるのではないでしょうか。私が開業して10年間に担当した患者さんは260人ほどですが、一人ひとりとの付き合いは濃密だったという気がします。そうした患者さんとの関係を希望して在宅医になっているのです。

ほかの判断基準としては、そのクリニックのホームページを参考にしてください。

私のクリニックはこんな治療ができますよ、とアピールすることで、そこがどんなクリニックかが分かります。

かつては、そのクリニックに行ってみて、診療を受けて初めて医師のことを理解していましたが、ホームページを閲覧することで少しは事前に把握できるようにはなっています。

一概にはいえませんが、こうしたことも判断基準になるでしょう。

あとは、やはり口コミも大事です。周りの人の噂は当たっていることが多いので、周囲から勧めてもらうというのも重要な方法になってきます。

そして、先述したように在宅医と相性が合わなかったら、いくらでも代えてもらえばいいのです。これはケアマネージャーでも訪問看護師でも在宅医でも同じです。一度頼んだところはずっと代えられないわけではありません。

特に在宅医は、短期決戦で診てもらうケースがほとんどですから、合わないと思ったときはすぐに代えてもらうようケアマネージャーに相談するといいでしょう。

それは、何も在宅医の能力を否定しているのではなく、あくまで相性の問題だということは、在宅医本人も分かっています。遠慮することはありません。

介護する人たちも、そうしたことを知っておいて、より良い選択をしていくよう努めるべきでしょう。

おわりに

40代も半ばになり、勤めていた大学病院を辞めて開業医となることに躊躇はありませんでしたか、とよく聞かれます。

躊躇がなかったと言えば嘘になりますが、清水の舞台から飛び降りるほどの決断ではなかったように思います。

以前の職場は、血液内科医としてやり甲斐のある職場でしたし、試みたい治療もどんどん増えていました。難しい病から治っていく患者さんを見て喜びを感じ、それなりの矜持も抱くようになっていたのです。

それでも、「悩みに悩んだ末の決断」というわけではありませんでした。

というのも、弱ってきた両親について、誰かが面倒を見なくてはならないのははっきりしていました。それなら、私が見るしかないだろうという思いがあったからです。

父の認知症は進んでいましたし、母の病気もまた悪化していくことは分かっていました。

家族で面倒を見るのは、私しかいません（弟は家庭をもって離れて暮らしています）。

もちろん、私が大学病院に残り、いずれ両親を老人ホームなどの施設に入れることも選択肢の一つだったのですが、二人とも自宅で暮らしたいと希望していましたから、その願いは叶えてあげたかったのです。

それなら私が父のあとを継いで開業医となり、二人に寄り添って暮らしていくしかないだろうな……そう考え始めたときには、もう悩んではいませんでした。


私が在宅医として患者さんを診ているときにも、同じような思いに駆られることがあります。

本書で何度か書きましたが、現在、私のもとへは、ある日突然「今日から往診してください」という依頼がやって来ます。それまで診たことのない患者さんなのは仕方ないにしても、すでに痛みを取り除く緩和ケアだけを必要としていたり、寝たきりで意識もなかったりすることも多いのです。

数週間、いや数日後には「看取る」ことになるかもしれない人たちです。病気を「治す」ためではなく、痛みを取り除き、少しでも安らかな数日間を過ごせるようにお手伝いしていく。そのための治療になっていくことが多々あります。

大病院を退院し自宅に戻ったあと、在宅での診療が必要となった方たち。

私は、そうした患者さんを診る際、「誰かが診なくてはならないのなら、私が診るべきだ」と思うのです。

どんな患者さんもそうですが、遠からず看取りのときを迎えるであろう患者さんは、特に「誰かが」診なくてはなりません。これもよく話すのですが、もしかかりつけ医や在宅医をもっていない人が自宅で亡くなると、死亡診断書がないわけですから、警察が入り、改めて医師が呼ばれて検案が行われることになります。そうならないためにも、かかりつけ医や在宅医をもつようにしてください、と。

私が両親の介護をし、看取るまでの経緯は本書に書いたとおりです。在宅医としてさまざまな家族の介護現場を見ているはずなのに、それでも体験して初めて知ることがたくさんありました。

特に、それまで気づかなかったのは、介護する者の心のありようです。例えば、介護される人は非常に家族に気を使い、多くのことを我慢したり、口に出すことをためらったりします。私の母がそうでした。介護する者は、そうした気遣いや遠慮が逆に心苦しくなってしまうのです。傍若無人に振る舞われるのも困りますが、優しさから発した気遣いや遠慮では、相手を叱ることもできず、ただただ寂しく、そして悲しくなってしまったものです。今でも、そのことを思い返すと胸の奥のほうにざわつきを感じたりします。

そうしたことは、患者さんやその家族を外から見ているだけでは気づかなかったでしょう。

本書では、私自身が当事者として経験したことと、在宅医として関わった患者さんやご家族の事例をいくつか紹介しました。現在の医療と介護を考えるうえで、その両面から見つめることができたことが、自分では貴重な経験だったと思っています。

今後、高齢化社会はさらに進んでいき、以前なら寝たきりになってしまうような病気を（いくつか）抱えていても、日常生活は送れるようになるでしょう。そして、病気で倒れてしまった高齢者は大病院での治療を終えると自宅へと戻され、在宅での療養を余儀なくされる機会が増えていくのです。

そうなると、ご家族の負担は増えていきますし、医療や介護の知識も学んでいく必要に駆られるでしょう。

では、どうしたらいいのか。

少しだけ心の準備をしておくべきなのです。そのときになって慌てるのではなく、多くの人が直面したケースは、自分にも家族にも訪れると覚悟しておくこと。かかりつけ医をもつこともそうですし、お薬手帳をきちんと付けておくことも大事です。

そうすることが、自分が介護するだけでなく、介護される側になったときにも、悔いのない生き方をするための助けになるのです。

佐野　徹明

佐野 徹明（さの てつあき）
医療法人さの内科医院院長
1994年に近畿大学医学部を卒業し、近畿大学医学部附属病院（現・近畿大学病院）第3内科（血液・腎臓・膠原病内科）で研修を行い、大学院を修了。2001年に国立大阪病院（現・国立病院機構大阪医療センター）総合内科に勤務したのち、2007年から近畿大学医学部附属病院血液内科で講師を務める。2009年にさの内科医院を開業し現在に至る。
日本でも数少ない血液内科の専門医であり、白血病やリンパ腫といった血液疾患から風邪などの身近な病気まで幅広く診療。在宅診療や緩和ケアなど終末期医療にも対応している。自身も一人で両親を介護し看取った経験があり、患者や介護に悩む家族の希望を第一に考えた治療方針を提案している。

本書についての
ご意見・ご感想はコチラ

48歳、独身・医師
在宅介護で親を看取る

二〇二〇年一一月二六日 第一刷発行

著 者 佐野徹明
発行人 久保田貴幸
発行元 株式会社 幻冬舎メディアコンサルティング
〒一五一-〇〇五一 東京都渋谷区千駄ヶ谷四-九-七
電話 〇三-五四一一-六四四〇（編集）
発売元 株式会社 幻冬舎
〒一五一-〇〇五一 東京都渋谷区千駄ヶ谷四-九-七
電話 〇三-五四一一-六二二二（営業）
印刷・製本 シナノ書籍印刷株式会社
装 丁 坂本理絵

検印廃止

Printed in Japan ISBN978-4-344-93074-2 C0047
幻冬舎メディアコンサルティングHP http://www.gentosha-mc.com/